Christian Unverzagt

Das verschwiegene Buch Metarealismus

Christian Unverzagt

Das verschwiegene Buch Metarealismus

Bibliografische Information der Deutschen Nationalbibliothek: Die Deutsche Nationalbibliothek verzeichnet diese Publikation in der Deutschen Nationalbibliografie; detaillierte bibliografische Daten sind im Internet über www.dnb.de abrufbar.

ISBN: 978-3-7322-9758-0

© Christian Unverzagt 2014

Umschlagbild: Christian Unverzagt

www.christianunverzagt.de

Herstellung und Verlag: BoD – Books on Demand, Norderstedt

Inhalt

Vor dem Wort 9
   Statt eines Willkommen 9
   Zwei Geschichten 9
   Trittsteine durchs Nichts 13
   Der Himmel über dem Himmel 14
   Flaschenpost 15
   Buch und Büchse 15
   Aus dem Zwischenraum 16
   Grenzen des Möglichkeitshorizontes 17
   Die Wirklichkeit als Quelle des Unglaubwürdigen 19
   Wie lange und was dann? 20
   Kein Sonderweg 22
   Gegen den Strom 23
   Überbietung der Mitmacher 24
   Dazugehörigkeit 26
   Galerie und Spiel 26
   Phantom-Haltestelle 28
   Die Fälschung 29
   Miss Verständnis 30
   Die Übertragung 31
   Schönste Nebensache 32
   Platzhalter 32
   Von der Verkehrung 33
   Von der Weisheit 35
   Für Naseweise 35
   Gespenstisches Schweigen 36
   Zen-iler Metarealismus 37
   Metarealismus als Religion? 38

Gegenstrom	39
Neuronale Resonanz der Wirklichkeit	40
Antischall	41
Antimaterie	42
Weg ohne Strecke	44
Zeugen der Sterne	45
Getarnte Normalität	47
Odins Münze	49
Magische Rückseite	50
Durchzug	51
Zeit und Fenster	52
Der f-liegende Pfeil	52

Das verschwiegene Buch Metarealismus (1990) — 55

Vom Text und der Welt — *56*

Vom Anfang, der nicht stattfand	56
Zum Beginnen	57
Eskorte	57
Staffellauf	58
Das Entgegenkommen der Zeit	59
Kein Außerhalb	61
Das Über-All	62

Von der Kunst, es sein zu lassen — *64*

Nautische Narren	64
Zeit haben oder sein lassen	64
Der Erinnerungswert	65
Privatbibliothek	65
Action Speaking	66
Spuren im Neuland	69
Das Fest der Stille	71
Werke und Früchte	72

Von der Überbietung der Macht 73

Die Macht der Zustimmung 73
A more meta realismo 75
Katastrophe der Kommunikation 76
Wo Kinder ihre Höhlen bauen 80

Vom Spiel der Welt 81

Der futurologische Kongreß 81
Boden und Steige 83
Wie unten, so oben 83
Meta-Theater 84
Metamonarchismus 86

Vom Nichtwissen 90

In der Großhirnrinde: Nichts verpaßt 91
Die Illusion des Planetariums 93
Zwischen Noch-nicht und Nicht-mehr 94

Grenzen und Jenseits des Metarealismus 98

Bergtaucher 99
Erleuchtungsregionen 100
Die geheime Formel des Seins 101
Dämonen im Gedankenhimmel 103
Labyrinth der Glücklichen 105

Abgesang, Aus- und Abgang 107

Nach dem Wort 108

Schrift und Katastrophe 108
Vom Ende, das nicht stattfand 112
Aus Klang 112

VOR DEM WORT

Vor dem Wort war Schweigen. In ihm war etwas Verschwiegenes: das Buch Metarealismus.

Statt eines Willkommen

Es wäre ein Widersinn, das Buch Metarealismus mit einem Willkommen an den Leser zu beginnen. Der Metarealismus will an niemanden heran kommen. Ebenso wenig legt er es darauf an, dass Leser zu ihm kommen. Das bedeutet nicht Unnahbarkeit. Im Gegenteil, der Metarealismus ist, wenn man seinem verschwiegenen Buch Glauben schenken will, immer schon ganz nah; allerdings dort, wo wir ihn nicht vermuten. Er markiert den Konvergenzpunkt von größtmöglicher Nähe und kleinstnötiger Distanz zur Normalität.

Zwei Geschichten

Es gibt zwei Geschichten des Metarealismus, eine wahre und eine metarealistische. Wovon nur diese weiß, nicht aber jene: dass sie ineinander verschlungen sind. Wahr ist, dass niederländische Maler, russische Dichter, deutsche Denker und französische Theologen den Metarealismus im letzten Viertel des 20. Jahrhunderts unabhängig voneinander entdeckt haben.[1] Ihnen folgten, ohne Bezugnahme auf jene, die sonst ihre Vorgänger gewesen wären, amerikanische Literaturkritiker, Künstler verschiedenster Herkunft, Theater- und Filmemacher, Fotografen, Architekten, Politologen... Bald war es, als marschierten metarealistische Legionen durch alle Regionen der Kultur. Gemeinsam war ihnen nur, dass sie alle die Ersten und Einzigen waren. Aufgrund ihrer Unkenntnis voneinander fühlten sie sich in keiner Entdeckerrivalität zueinander. Das erklärt das Schweigen Chinas, wo man erst in Kürze eine Jahrtausende alte Tradition des Metarealismus wiederentdecken wird.

Doch während ihr die nahezu zeitgleichen Parallelentdeckungen verborgen blieben, tendieren auch im Westen die Entdeckungen des Metarealismus dazu, sich als *Wieder*entdeckung einer älteren Tradition zu verstehen. Metarealistische Maler des 20. Jahrhunderts beanspruchten Hieronymus Bosch (1450–1516) als ihresgleichen. Die metarealistische Theologie erklärte, dass

---

[1] Steehouwer, Hein: Zeven Meta-realisten, Deventer, 1974. Epstein, Mikhail: "Theses on Metarealism and Conceptualism" (1983), in: ders.: Russian Postmodernism (1999). Assasin, Sunny: Masters of Reality, in: *radikal* Nr. 122, Berlin 1983. Anonym, Fadenriß der Wirklichkeit, in: *v max* Nr. 1, Berlin 1985. Grassmuck, Volker und Unverzagt, Christian, Das Müll-System. Eine metarealistische Bestandsaufnahme, Ffm 1991. Guitton, Jean, Bogdanov, Grichka und Igor: Dieu et la science. Vers le métaréalisme, Paris 1991.

der Quantenphysiker Werner Heisenberg (1901–1976) dasselbe, nur eben anders, habe sagen wollen wie bereits der große Scholastiker Thomas von Aquin (ca. 1225–1274). Metarealistische Dichter fanden ihre Sprache im archaischen Mythos vorgebildet.

Der Metarealismus hat einen Hang, sich in der Vergangenheit auszubreiten. Dennoch ist es schwierig, ihn in der Geschichte dingfest zu machen. Seine Ausbreitungstendenz wird ausbalanciert durch eine Art Einrollbewegung, die alle Spuren tilgt. Auf jeden vorgeblichen Metarealisten kommt ein sich selbst verleugnender, der sich dem Mainstream irgendwann mit verständlicheren Etiketten andienen will.

So ist das Verhältnis des Metarealismus zur Zeit von Instabilität gekennzeichnet. Das mag einer der Gründe sein, warum er sich in keiner linearen Geschichte entwickelt hat. Dem korrespondiert seine kaleidoskophafte Wahrnehmung, die mitunter einer bunten und bizarren Zusammenschau von Unzusammengehörigem gleicht. Wie Druckwasser, das sich in eingedeichten Flussniederungen an mehreren Stellen Bahn bricht, tauchte er nahezu gleichzeitig auf, aber nicht als gleiches Phänomen. Seine verschiedenen Entdecker meinten jeweils Verschiedenes. Während die einen in ihm die Wirklichkeit hinter den vielen Realitäten entdecken wollten, mobilisierten andere umgekehrt die vielen Wirklichkeiten unter oder über der Einen.

Sie alle haben *den* Metarealismus entdeckt, der zugleich *ihr* Metarealismus war, und manchmal noch ist. Sie alle beschreiben die *wahre* Geschichte des Metarealismus. Die Geschichte des Metarealismus, die im Folgenden dokumentiert wird, ist dagegen die metarealistische. Sie breitet gegenüber den wahren Geschichten kein relativistisches Nebeneinander verschiedener Sichtweisen vor uns aus. Metarealismus ist immer auch Metarelativismus. Die metarealistische Geschichte des Metarealismus entspricht dem Begriff ihres Gegenstandes, der mit allem anderen auch sich selbst übersteigt. So legte es bereits 1990 das damals verschwiegene Buch Metarealismus dar, das weiter unten seinem Geist getreu als durch sich selbst überstiegenes Buch im Buch dokumentiert wird.

Der Metarealismus als sich selbst übersteigendes Phänomen hat auch die Position der Metanominalisten überstiegen und inkorporiert, die sich in Reflexion auf seine parallele und uneinheitliche Entdeckung ergeben hatte. Die Metanominalisten hatten dem Begriff des Metarealismus jede Entsprechung in der Realität abgestritten. Durch ein Versagen der Lexika und Enzyklopädien, die der Verpflichtung ihrer Definitionsmacht nicht nachgekommen seien, habe der vakante Begriff wie eine leere Hülse über gänzlich disparate Phänomene gestülpt werden können. Die metarealistische Erwiderung argumentierte ebenfalls mit dieser Deckungsungleichheit seiner Erscheinungsformen: der Metarealismus *sei* die Überschreitung, die sich nur in der Ungleichheit mit sich selbst, nie aber als mit sich identisches Phänomen manifestieren könne.

Trittsteine durchs Nichts

Der Leser des verschwiegenen Buches Metarealismus darf erwarten, bei seiner Lektüre zu erfahren, was Metarealismus ist. Dazu wird von ihm selbst verlangt, dass er nicht mit-, sondern umdenkt. Der Metarealismus ist ein permanentes Umdenken. Er ist eine Sicht der Welt, die sich nicht definieren lässt. Sie steht so wenig still wie die Welt selbst. Der Punkt, auf den der Metarealismus gebracht werden kann, ist daher kein Standpunkt, auch nicht sein eigener. Er ähnelt der Sartreschen Existenzformel bis zur Ununterscheidbarkeit, ohne doch mit ihr identisch zu sein: Der Metarealismus ist, was er nicht ist, und ist nicht, was er ist.

Der Versuch, ihn begrifflich zu fassen, erweist den Metarealismus als die Kunst, immer schon einen Schritt weiter zu sein. Er ließe sich, hätte es ihn nicht schon immer gegeben, als legitimes Kind unserer von Haltlosigkeit und Unrast geprägten Zeit ausweisen.

Zugleich und immer wieder erweist er sich als die Kunst, sich die an ihren Möglichkeitshorizont verflüchtigte Welt mit einem Wirklichkeitsboden unterlegt vorzustellen. Es ist, als hätten Metarealisten sich Trittsteine unter ihre Füße gebunden, die sie mit schlafwandlerischer Sicherheit durchs Nichts schreiten ließen; so jedoch, dass sie beim Überschreiten des Bodenlosen auf eine Ebene gelangten, von der aus die Rückseite dessen, was man normalerweise für die Realität hält, sichtbar wird.

Der Himmel über dem Himmel

Es heißt, man sei in einer Sprache erst dann wirklich heimisch, wenn man ihre Präpositionen und Präfixe beherrsche. So bemüht sich der Metarealismus um eine der Wirklichkeit angemessene Sprache. Er überschreitet Phänomene, Standpunkte, Sichtweisen, um dahinter zu kommen, was es mit ihnen auf sich hat – statt zu fragen, was ihnen zugrunde liegt. Durchschauen bedeutet für Metarealisten, sehen, dass es auch dahinter und darüber noch etwas gibt, nämlich wiederum Phänomene, Standpunkte und Sichtweisen. Dafür wurde ausgerechnet in einer Sprache, die keine Präfixe kennt, nämlich dem

Chinesischen, eine Redewendung geprägt: *Tianwai you tian*, was ins Deutsche übersetzt ungefähr bedeutet: „Über dem Himmel gibt es noch einen Himmel."

Flaschenpost

Während einflussreiche Bücher ihre Wirkung zu entfalten beginnen, wenn sie aufgeschlagen werden, treibt das verschwiegene Buch Metarealismus verschlossen seiner Bestimmung entgegen. Einer Flaschenpost gleich, hat es im Informationszeitalter nur seine unendliche Geduld in die Waagschale zu werfen. Seelenruhig stellt es sich dem elektronisch beschleunigten Weltlauf zu einem seltsamen Wettlauf, bei dem ihm vollkommene Gelassenheit als Weg und Ziel gilt. Nach Überzeugung seiner stillen Teilhaber strahle es am Ende auf unnachahmliche Weise sein In-Ruhe-gelassen-sein aus, nach dem sich die Dinge heutzutage und in alle Halbwertzeit vergeblich sehnten.

Buch und Büchse

Es gibt Stimmen, die das verschwiegene Buch Metarealismus mit der ungeöffneten Büchse der Pandora vergleichen. Zeus hatte, um sich für den Diebstahl des Feuers zu rächen, Pandora aufgetragen, sie den Menschen zu schenken, aber mit der Auflage, sie nicht zu öffnen.

Als sie dann in Folge des Verbots doch geöffnet wurde, entwichen ihr alle Laster und alles Schlechte, das seither die Welt regiert.

Damit soll nicht gesagt sein, dass das verschwiegene Buch Metarealismus an sich etwas Schlechtes enthält. Seit den quantenmechanischen Gedankenexperimenten, in denen Erwin Schrödinger eine Katze in einer solchen Büchse versteckte, lässt sich wissenschaftlich die These vertreten, dass ihr Inhalt, somit auch das Buch Metarealismus, vor dem Öffnen ein anderer als danach gewesen sein könnte.

Verteidiger des verschwiegenen Buches Metarealismus fahren noch eine andere Strategie, um seine Unschuld zu beteuern: Es sei zwar wie alles Menschliche ebenfalls beim Öffnen der Büchse entstanden, aber als Gegenströmung zum Entweichen ihres Inhalts.

Aus dem Zwischenraum

Mal erscheint das verschwiegene Buch Metarealismus als merkwürdiger Spiegel unserer Zeit, dann wieder kommt es als Zeugnis aus einer anderen Zeit daher. In seinem Verhältnis zur Zeit gleicht es einem Kaleidoskop, in dem, was nach dem Ende wäre (also nicht), umkippt in etwas vor dem Ende, und umgekehrt. Man sagt daher, das verschwiegene Buch Metarealismus sei nichts fürs

Ende, aber auch nichts für den Anfang, es sei eher Nichts für zwischendurch.

Vieles in und an ihm ist historisch verortbar, aber nicht unbedingt verifizierbar. Einige Ereignisse, von denen das Büchlein handelt, entstammen dem Zwischenraum zwischen dem, was niemals eintritt, und dem, was nur nicht bemerkt wird. Das gilt für beide Seiten jener stählernen Trennwand, die von der Normalität als Gegenwart durch die Zeit geschoben wird. Hatte für den großen irischen Gelehrten des neunten Jahrhunderts, Johannes Scotus Eriugena, das Nichtseiende keinen geringeren Wert als das für unsere Sinne und unseren Verstand Seiende, so gilt dem Metarealismus das Ungeschehene nicht weniger als das Geschehene.

Der Metarealismus geschieht in einem verschwindenden und manchmal in einem verschwundenen Zeitraum. So ist er immer dabei.

Grenzen des Möglichkeitshorizontes

Was würde aus unserer Welt, wenn auf einmal das als wirklich gälte, was allerorten am lautesten in sie hinaus geschrieen wird?

Der Kanon unserer Wirklichkeit ist nach Meinung der Experten aus Tages- und Talkshow auch ohne Metarealismus groß genug. Er umfasst nicht nur alles, was der

Fall ist; sein Möglichkeitshorizont begreift Dinge ein, die heute noch nicht zum Bestand gehören, morgen aber dazugehören könnten. Wenn irgendwo im Amazonasgebiet oder auf Papua-Neuguinea eine bisher unbekannte Ethnie gefunden würde, wäre sie sofort Bestandteil unserer Wirklichkeit. Wenn im Muschelkalk ein bisher unbekanntes Brückentier zwischen Krebs und Mensch auftauchte, gehörte auch dieser Sonderling dazu; genauso wie neue Elementarteilchen, falls sie sich aus Leuchtspuren und Pegelausschlägen in unterirdischen Beschleunigeranlagen heraus interpretieren ließen. All das ist möglich, mag es auch noch so unwahrscheinlich sein.

Der Metarealismus aber als abstruses Konstrukt einer Wirklichkeit, die nicht ist, was sie ist, und ist, was sie nicht ist, gehört weder zum aktuellen Bestand unserer Wirklichkeit noch auch in ihren Möglichkeitshorizont. Würde er behaupten, die Wirklichkeit einer verschwundenen Kultur zu sein, ließe sich über eine augenzwinkernde Aufnahme in den Bestand reden. Er aber gibt störrisch, vielleicht auch nur mit dem ihm eigenen Unernst, vor, die Wirklichkeit unserer Zeit zu sein, auch wenn und vielleicht sogar weil diese ihn nicht für möglich hält.

Die Wirklichkeit als Quelle des Unglaubwürdigen

Es ist müßig, auf archäologische Belege dafür zu warten, dass der Metarealismus bereits bei der Errichtung oder wenigstens der Zerstörung archaischer Denkpaläste eine Rolle gespielt hätte. Auch die Chroniken der großen Gewaltherrscher oder die Wareneingangsregister alter Tempel würde man vergeblich nach seiner Erwähnung durchforsten. Wenn er schon damals wirkte, dann nur durch ein uns verschwiegenes Büchlein.

Nicht besser steht es mit Belegen für seine Behauptung, die Wirklichkeit unserer Zeit zu sein. Er passt in kein geltendes Paradigma der Wissenschaft. Er ist durch keinen politischen Konsens verbrieft. Den Joker, durch göttliche Offenbarung in die Welt gekommen zu sein, würde er selbst aussortieren. So bleibt die Quellen- und Indizienlage des Metarealismus, auch wenn zur Verwirrung der Leser einige harte Fakten eingestreut sind, ein Sammelsurium phantastischer Behauptungen, die von Realitätstüchtigen als unglaubwürdig betrachtet werden. Sie glauben sich unzugänglich für ihn. Wie Wasser am Gefieder eines Schwans perle er an ihrer Realitätstüchtigkeit ab.

Es sind diese einfachen Fragen nach Quellen und Plausibilitäten, durch die sich der Metarealismus bei einer ersten Begegnung mit ihm ungeschehen machen lässt. Doch nicht immer und nicht für alle Zeit bleiben dem Unglaubwürdigen und dem Ungeschehenen der Zutritt zur Wirklichkeit verschlossen. Als würde er von einem unstillbaren Seinsverlangen getrieben, hat sich der Metarealismus wie ein Schatten an die Wirklichkeit geheftet, um überall dort, wo sie ihn mit ihrer Vernunft weg zu leuchten vermeint, insgeheim mit ihr zu verschmelzen. Unser Verdikt über die Natur, dass Substanz und Schatten nicht ineinander übergehen können, ignorierend, gewinnt er an Sein, wo die Wirklichkeit selbst unglaubwürdige Züge annimmt.

Wie lange und was dann?

Was wurde nicht schon alles zu unserem Schicksal erklärt? Die Politik, die Bürokratie, die Wirtschaft, der Euro... In einem metarealistischen Almanach heißt es: „Die Wirklichkeit ist unser Schicksal." Der Kommentar erläutert, dass darunter dasjenige, was wir dafür halten, zu verstehen sei; zumindest bis zu einem gewissen Punkt, der ein Zeitpunkt sei. Wirklichkeit gründe in einer Art Credo und sei eine Frage der Glaubwürdigkeit, letztlich Vertrauenssache.

Die These wird gelegentlich als Beleg für den Austausch zwischen Wirklichkeit und Metarealismus angeführt. Wurden Metarealisten wegen solcher Äußerungen früher, initiiert vielleicht von Effekthaschern aus ihren eigenen Reihen, als postmoderne Spinner bespöttelt, so haben sich mittlerweile die Realitätstüchtigen ihrer Ansichten bemächtigt. Analysten, Ökonomen und Soziologen haben als Ursache für das, was sie die Krise des Finanzsystems nennen, einen fundamentalen Vertrauensverlust ausfindig gemacht. Ein Verlust an Glaubwürdigkeit sei der wirkliche Grund für das sich anbahnende Desaster auf den Finanzmärkten. In der Glaubwürdigkeit gründe die Kreditwürdigkeit. Credo und Kredit – das sei, ob wir es wollten oder nicht, die Realität.

Sichtbar wurden diese Zusammenhänge allerdings erst im Zeichen dessen, was den Realitätstüchtigen als Niedergang vorkommt. Bis vor kurzem habe man Banken durch Staaten und diese durch große Staatenverbände retten, d.h. weitermachen lassen können. Nun aber, nachdem die Vertrauensreserven aufgebraucht seien, breche das ganze System des Vertrauensmanagements zusammen, und alles geriete in den Strudel des Vertrauensverlusts.

Oder anders: Bis vor kurzem konnten Metarealisten mit der Frage „Wie lange noch?" Außenseiter spielen. Nun aber sei es durch die mediale Beschleunigung und erhitzte Popularisierung dieser Frage zu ihrer Kernschmelze gekommen, wodurch die auf Vertrauensbasis gestellte Wirklichkeit kontaminiert worden sei. Schon tauche hier und dort die Anschlussfrage auf: „Was dann?"

In dieser fatalen Situation tritt der Metarealismus, den man als Marionettenspieler eines Schreckgespenstes darzustellen gewohnt war, als Trostspender und Kühlmittel auf. Er argumentiert dabei ähnlich wie einst Epikur gegenüber denen, die sich angesichts des Todes ängstigten. Diesen hatte der griechische Philosoph versichert, dass sie der Tod gar nichts anginge, da er, solange sie existierten, nicht sei, dort aber, wo er sei, sie nicht existierten. So erklärt der Metarealismus hinsichtlich der Wirklichkeit, als deren ständige Vertretung er sich gerne ausgibt, dass immer und überall, wo die Vertrauensfrage des „Wie lange noch?" oder gar deren skeptische Überbietung „Was dann?" an sie gestellt werde, die Wirklichkeit *sei*.

Kein Sonderweg

Als die Wirklichkeit noch vermeintlich metarealismusfrei war, sprach man von einem Weg der Sonderlinge. Später, als es immer mehr Hinweise auf die Unauffälligkeit des Metarealismus gab, versuchte man ihn als Sonderweg der Wirklichkeit auszugrenzen. Doch er spielt sich weder in einer Unter- oder Halbwelt noch in einer Über- oder Hinterwelt ab. Ni dieu ni maître! Er ist weder

Religion noch Politik. Wer ihn als etwas Apartes sondieren will, verpasst die Passage, in der die Wirklichkeit sich plötzlich umstülpt in das, was sie nicht ist, und umgekehrt das, was sie nicht ist, überraschend zur Wirklichkeit wird.

Gegen den Strom

Metarealisten schwimmen gegen den Strom. Paradoxerweise werden sie dadurch, sofern man sie überhaupt wahrnimmt, mit Mainstreamschwimmern verwechselt. Ihre Welt bewegt sich gegenläufig zur normalen Welt. Dreht sich diese nach rechts, so jene nach links, und umgekehrt. Da die Welt der Metarealisten deckungsgleich, wenn auch nicht identisch, mit der normalen Welt ist, wirkt das Gegen-den-Strom-Schwimmen der Metarealisten in der normalen Wahrnehmung wie ein Mit-dem-Strom.

Erst wenn Normalweltbürger in der Welt der Metarealisten mit diesen mithalten wollten, um ihre eigenen Standpunkte zu behaupten, lautet eine metarealistische These, bemerkten sie den unterschiedlichen Spin. Es sehe dann immer so aus, als bleibe eine Seite hoffnungslos zurück. Oder anders: Jeder Versuch der Annäherung führe zu einer immer größeren Entfernung.

Andere Fraktionen des Metarealismus leugnen diese Art ihrer Kennung. Denn dazu, argumentieren sie, müssten sich die Normalweltbürger zugleich auf zwei Ebenen bewegen, was sie ihrerseits schon als Metarealisten kennzeichnete.

Überbietung der Mitmacher

Wenn es um die Frage nach ihren Vorläufern geht (die im Leben oft als Rückläufer behandelt werden), nennen Metarealisten mitunter Jacques Vaché, jenen Sonderling, den André Breton während des Ersten Weltkriegs in einem Lazarett kennen gelernt hatte, und über den er in seiner Anthologie des Schwarzen Humors schrieb: „Die Weigerung mitzumachen ist so vollkommen wie möglich, allerdings unter dem Deckmantel einer zum Schein sehr weitgehenden Akzeptanz: alle ‚äußeren Zeichen von Respekt'; ein gleichsam unwillkürliches Festhalten an dem, was der Geist gerade am törichtsten findet."

Metarealisten behaupten, man könne sich der Macht nur entziehen, indem man ihre Mitmacher überbiete. Sie gehen daher mit der herrschenden Meinung auf fatale Weise konform. Nicht zuletzt deswegen bleibt der Metarealismus in der normalen Welt unsichtbar. Das hat ungehörte Stimmen dazu geführt, vor ihm zu warnen: „Verlassen Sie sich auf keine Zustimmung in einer scheinbar noch so belanglosen Unterhaltung! Dahinter könnte sich eine Art metarealistische Ironie verbergen." Während sich alles auch etwas anders sagen ließe, man dann aber im Normalfall auch etwas anderes sagte, kann der Metarealismus als die Kunst verstanden werden, dasselbe zu sagen, was dann dennoch etwas ander(e)s ist.

Wie weit geht die Konformität des Metarealismus, wie weit seine verschwiegene Differenz oder gar Dissidenz? Ist seine Ununterscheidbarkeit von der Macht wirklich nur gespielt, liegt ihr tatsächlich ein versteckter Anarchismus zu Grunde? In einem verlorengegangenen Abschnitt aus dem verschwiegenen Buch Metarealismus von 1990 war von einem „Tarnorden" die Rede, womit aber vielleicht nur eine Verschwörungstheorie provoziert werden sollte. Doch sie blieb aus. Es gab keine Enthüllung seiner geheimen Absichten und Machenschaften. Es gab nicht einmal den Versuch, die dunklen Seiten in der Psyche seiner Protagonisten ans Licht der Öffentlichkeit zu bringen. Nicht nur herkömmliche Medien nahmen keine Notiz und verweigerten ihm jedes Lebenszeichen. Selbst WikiLeaks schwieg, als wüsste es nichts vom Vorhandensein des Metarealismus. In dessen Reihen soll man dieses Schweigen als Coup gefeiert haben.

Dazugehörigkeit

Mehr als zwei Globalisierungsdekaden nach dem Verschweigen des Buches Metarealismus lässt sich nicht viel mehr über seine Wirkung aussagen als das, was sich in die Formel gießen lässt, er gehöre dazu. In der Tat gehört der Metarealismus zur Wirklichkeit genauso dazu wie das Amt des Bundespräsidenten zur Geschichte eines Landes. „Und seine Ghostwriter!", ergänzen Metarealisten. Wie von Geisterhand geschrieben zu sein, ist die regulative Idee der Autorschaft des verschwiegenen Buches Metarealismus.

Galerie und Spiel

Seit je schreibt man Gebäudetypen und architektonischen Elementen Symbolwert zu: dem Palast, der Hütte, der Höhle, dem Elfenbeinturm, der Kanzel. Die Welt des Metarealismus wird gerne mit einer Galerie verglichen. Lauf- und Schießschartengänge, die man hoch oben an Burgen und Gottes- oder Bauernhäusern angebracht hat, mehr noch vielleicht die von Tunnelfenstern durchbrochenen Berghänge in den Alpen, gelten als Metapher für das Ambiente eines Lebens, bisweilen auch Schwebens, über dem Boden der Tatsachen. Das führte in einer der

Leerreden zu der rhetorischen Frage „Ist das Über-dem-Boden-sein nicht selbst eine Tatsache?"

Kritiker, denen das nach dandyhafter Selbststilisierung klang, fühlten sich zu einer spöttischen Replik provoziert. Das luftige Element des Metarealismus (mangelnde Bodenständigkeit, Übertreibungen, der Effekthascherei verdächtige Wortwahl etc.) sei alles andere als ein Zeichen von Ranghöhe oder stolzer Erhabenheit, sondern verrate wie alles Substanzlose und Flatterhafte seine Herkunft aus dem Bodensatz der Gesellschaft, wo man nicht nach einem festen Wertekanon interpretiere, sondern nur für die Galerie spiele.

Dass man auf der Galerie der Gesellschaft von all dem nichts bemerkt, nehmen Metarealisten als Ermutigung. Nur durch das vollständige Ausbleiben jedweder Reaktion, heißt es in den *Leerreden*, werde ihr Tun und vor allem Lassen zum reinen Spiel. Nur in ihm könne die metarealistische Welt zum Vervollständigungspartner der utilitaristischen werden. Die utilitaristische Welt, in der man zupackend auf die Dinge zugehe, zeige sich den Realitätstüchtigen immer von ihrer vermeintlich besten, d.h. von ihrer Schauseite. Was auf der Galerie verborgen bleibe, sei das Unsichtbare der Dinge und ihres Geschehens. Doch erst die Korrelation, die Polarität von Sichtbarem und Unsichtbarem, stelle eine Tatsache der höheren Ordnung bzw. die höhere Ordnung der Tatsachen dar. Der Metarealismus sei daher als Äther der unsichtbaren Dingaspekte und ihres Geschehens aus einer um Höheres bemühten Welt nicht wegzudenken.

Phantom-Haltestelle

So wie man Phantom-Haltestellen baut, die Demenzkranken das Gefühl geben, den Ort ihrer Unterbringung verlassen und nach Hause zurückkehren zu können, so stellt auch der Metarealismus dem modernen Menschen die Illusion bereit, in die Welt des Geistes zurückkehren zu können. So wie durch fingierte Haltestellen die Gefahr minimiert wird, dass sich demente Heimbewohner auf der Suche nach ihrem Zuhause verlaufen, so will auch der Metarealismus dazu beitragen, dass sich niemand auf der Suche nach seiner geistigen Heimat verirrt. Um die Überzeugung zu vermitteln, es gehe alles in Ordnung, deckt er verschiedene Optionen ab. So wie die einen nach kurzem Aufenthalt an der Haltestelle vergessen haben, was sie zum Verlassen des Heims antrieb, so reichen oft wenige Sätze Metarealismus aus, den Zweifel an der Vernunft zu besänftigen. So wie andere nach ihrer Rückkehr ins Heim felsenfest davon überzeugt sind, woanders gewesen zu sein, so erscheint auch der Metarealismus in der Erinnerung wie ein Abenteuer, das sich die Vernunft gegönnt hat.

Die Fälschung

Um es nicht erst am Ende (und dann vielleicht zu spät) zu sagen: Man hat das verschwiegene Buch Metarealismus als Fälschung bezeichnet. Doch es plagiiert kein anderswo vorhandenes oder verschollenes Original. Es ist keine Mona Lisa aus einer chinesischen Fälscherwerkstatt, die nur an ihren Ort im Louvre gehängt werden müsste, um Millionen von Besuchern als Inbegriff der Kunst schlechthin zu gelten. Als Fälschung ohne Vorlage ähnelte es bestenfalls einem Bild wie Han van Meegerens „Christus und die Jünger in Emmaus" von Jan Vermeer[2], das kein Original imitierte. Doch anders als der Fälscher, der einen Kunstwert verbürgenden Künstlernamen für sein Werk in Anspruch nimmt, gibt das verschwiegene Buch Metarealismus auch nicht vor, dem Nachlass von Thomas Mann oder dem Papierkorb von Peter Sloterdijk zu entstammen.

Einer Fälschung ähnelt das verschwiegene Buch Metarealismus allein dadurch, dass es vorgibt, gar nicht

---

[2] Jan Vermeers (1632–1675) seither vielfach verändertes Zuschreibungskorpus wurde erstmals im 19. Jahrhundert von dem französischen Kunsthistoriker Thoré-Bürger (1807–1869) zusammengestellt. Das von van Meegeren entworfene Bild „Christus und die Jünger in Emmaus" hatte die Fachwelt und im Anschluss an sie die Öffentlichkeit 1937 für einen echten Vermeer gehalten, bis van Meegeren knapp zehn Jahre später der zu diesem Zeitpunkt schon schwierig gewordene Nachweis gelang, der Maler des Bildes gewesen zu sein.

zu sein, was es ist, und vorgibt zu sein, was es nicht ist. Es hat sich die Fälschungsformel als Motto gewählt. Das aber bedeutet, dass die Fälschungsthese eine Behauptung des Büchleins selbst ist. Soll der Verdacht geweckt werden, dass es sich mit dem Schmuck fremder Federn interessant machen möchte, die sich bei genauerer Betrachtung gar nicht an ihm finden? Doch über kurz oder lang wird das verschwiegene Buch Metarealismus nicht seinem Schicksal entgehen, als Original entlarvt zu werden.

Miss Verständnis

Um es anderen Städten gleichzutun und die Medien zur Berichterstattung über sich zu zwingen, ging eine kleinere deutsche Ortschaft auf die von ansässigen Metarealisten vorgeschlagene Idee einer Preisverleihung ein. Statt der Vergabe eines Literaturpreises entschied man sich dazu, eine Misswahl zu organisieren. Seither veranstalten Metarealisten dort jährlich die Wahl zur Miss Verständnis.

Statt der erhofften Aufmerksamkeit aber senkte sich mediales Vergessen über den unglücklichen Veranstaltungsort, als hätten die Medien eine Damnatio memoriae über ihn verhängt, jene Tilgung aus ihrem Gedächtnis, die im alten Rom als schlimmste aller Strafen galt. So blieben die Touristenströme aus, weder Kleinflughafen noch Schnellstraße wurden gebaut, Anträge zur Aufnahme der alten Rathausfassade ins Weltkulturerbe blieben unbeantwortet, es gab keine Nachverdichtung der Gründerzeitvillen mit Hilfe von Immobilienkonsortien, keine neuen Straßenbaustellen, keine Steuermehreinnahmen... Die Stadtväter ließen die Köpfe hängen. Nur die Metarealisten, nach deren Überzeugung jedes Missverständnis für etwas gut ist, waren überglücklich.

Die Übertragung

Die auf dem Dritten Metarealistischen Weltforum aufgeworfene Frage, ob der Metarealismus geschichtsfähig (in einem fehlerhaften Protokoll hieß es „gerichtsfähig") sei oder nicht, meinte zunächst wohl nur, ob er in der Lage sei, „die" Geschichte (von Cäsar, Dschingis Khan, Helmut Kohl etc.) zu beeinflussen. Später hat man die Frage dahingehend uminterpretiert, ob er selbst eine Geschichte im Sinne einer Entwicklung oder Entfaltung habe. Die Frage zielte auf eine Schwierigkeit bei der Übertragung seiner Erkenntnisse, denn es heißt: Nur wer sich das unverstanden Wirkende zum Lehrmeister nehme, könne selbst metarealistische Meisterschaft erlangen. Entsprechend sei die Prognose für eine Kultur, die ihr Unverstandenes vergessen habe, ungünstig. Nur wenn man das Unverstandene annehme, ohne es in die Provinz des Verständlichen einzubürgern, ließe sich an das anknüpfen, dessen Überlieferung abgerissen sei. Das verschwiegene Buch Metarealismus handelt dieser These zufolge von einer Kunst, die sich nicht lehren lässt. Seine Verächter sagen deshalb, es geheimele nur müßig herum.

Schönste Nebensache

Die Behauptung böswilliger Zungen, der Metarealismus sei nichts weiter als ein intellektuelles Hobby, wurde von Metarealisten dahingehend überboten, dass sie ihre ganze Existenz zur „schönsten Nebensache der Welt" erklärten.

Platzhalter

Nach dem Selbstverständnis einer nicht unbedeutenden Strömung innerhalb seiner Reihen kommt dem Metarealismus nur eine Platzhalterfunktion zu. Er vertritt dieser These zufolge das verloren gegangene Wissen der Lehre vom Schein.

„Wer erkennt, dass Schein und Wandlung dasselbe ist wie Zeugung und Tod, der erst kann die Lehre vom Schein erlangen." So steht es im *Wahren Buch vom quellenden Urgrund* von Liä Dsi[3]. „Ich und du sind auch Schein, was braucht man ihn also erst noch zu erlernen!" So sprach Meister Yin Wen zu Lau Tscheng Dsi, als dieser nach dreijähriger, vermeintlich vergeblicher Lehrzeit bei dem Meister um Entlassung und Aufklärung über seine Fehler bat. Nicht ein einziges Mal hatte der Meister zuvor von der Lehre vom Schein gesprochen, die zu lernen Lao Tscheng Dsi gekommen war.

Lau Tscheng Dsi kehrte heim, dachte nach – und erlangte die Herrschaft über Sein und Nichtsein, d.h. er konnte die Jahreszeiten vertauschen, es im Winter donnern und im Sommer frieren lassen, die Vögel in Lauftiere und die Lauftiere in Vögel verwandeln. Aber er behielt das Geheimnis für sich und gab sein Wissen nicht weiter. Daher gibt es keine Überlieferung dieses Wissens.

Es heißt: Sobald an dieses Wissen angeknüpft werden könnte, wäre der Metarealismus überflüssig geworden – was er bereits ist, wie seine Gegner (und nicht nur diese) meinen.

Von der Verkehrung

Metarealisten gehen davon aus, dass alle Zeichen schon gelesen wurden, die meisten mehr- und vielfach, mit al-

---

[3] Übersetzt von Richard Wilhelm (Düsseldorf und Köln 1980, S. 76), dessen Umschrift wir hier folgen.

len möglichen Methoden und Strategien. Alles scheint bereits durchgespielt, zu allem gibt es ein Zitat. Manche sagen: Alles *ist* ein Zitat. So kleiden Metarealisten ihre Metaphern bisweilen in altertümliche chinesische Gewänder:

„Der heiligen Männer Worte scheinen erst verkehrt, aber schließlich treffen sie zu. Noch ist die Sache nicht zu Ende. Frage ihn vorläufig noch einmal."[4] So sprach der Vater, der ohne Ursache erblindet war, zu seinem Sohn, als die schwarze Kuh zum zweiten Mal ein weißes Kalb warf. Bereits ein Jahr zuvor hatte sie ein weißes Kälbchen zur Welt gebracht, woraufhin man Meister Kung befragt hatte. Der hatte es als ein gutes Zeichen gewertet und das Kalb als Opfer empfohlen, dann war der Vater blind geworden. Der Sohn also fragte erneut Meister Kung, der es wieder zu einem guten Omen erklärte und das Kalb erneut zu opfern empfahl. Daraufhin ward auch der Sohn blind. Später kam es zum Krieg, die Stadt wurde belagert, die Leute tauschten ihre Kinder aus und aßen sie vor Hunger, die Männer kamen im Kampf um. Nur Vater und Sohn entgingen dem Übel, da sie krank waren. Nach der Belagerung genasen sie.

„Nichts garantiert", heißt es unter Metarealisten, „dass das Schicksal es so meint wie wir."

---

[4] Liä Dsi, *Das wahre Buch vom quellenden Urgrund* (s.o.), S. 167.

Von der Weisheit

Shao Yong, ein chinesischer Gelehrter der Nördlichen Song-Zeit (960–1126), stieß bei seinen numerologischen und emblematischen Auslegungen des Buches der Wandlungen (*Yijing*) auf folgende Erkenntnis: Der Weise kann die Dinge umgekehrt betrachten bzw. auf sie zurück schauen (*fanguan*). „Er schaut auf die Rückseite der Dinge", lautete eine Paraphrase der Einsicht Shao Yongs, die rund tausend Jahre später im Metarealistischen Stadtanzeiger einer kleinen belgischen Ortschaft auftauchte. Daraus wurde die These abgeleitet, dass der Weise Metarealist sei, und umgekehrt. Die These wurde mit Schweigen quittiert, von beiden Seiten.

Für Naseweise

Das Buch der Wandlungen, der älteste klassische Text der ältesten noch heute existierenden Schriftkultur der Welt, wurde im Lauf der Jahrhunderte von Gelehrten und vom Volk, von Gebildeten und von Gebeugten, gleichermaßen geschätzt. Von den einen wurde es als Weisheitsschrift gelesen, von den anderen als Orakelhandbuch genutzt. Für alle, die in ihm suchten, öffnete es sich, den anderen blieb es verschlossen.

So auch das verschwiegene Buch Metarealismus, das allen das ihre zukommen lässt. Den Heiligen und Weisen gegenüber, die es als Quelle der Inspiration zur Hand nähmen, schwiege es einvernehmlich. Den Scheinheiligen und Naseweisen aber sagte es nichts. Heißt es.

Gespenstisches Schweigen

So wie Amazonasindianer Dutzende von Wörtern für Farben kennen, die in unseren Augen alle grün sind, Eskimos dagegen Dutzende von Wörtern für unser Weiß, so kennt der Metarealismus die verschiedensten Arten von Schweigen.

Auch die Wissenschaft macht sich Gedanken zu beredtem Schweigen. Sie hat den Infraschall entdeckt, dessen Frequenz unter 16 Hertz liegt und für das menschliche Ohr eigentlich nicht wahrnehmbar ist. Walen und Elefanten dagegen dient sein Spektrum zur Kommunikation. Neueren Studien zufolge sagt Infraschall aber auch Menschen, die ihn nicht bewusst wahrnehmen können, etwas, zumindest einigen. Anders als bei den intelligenten Riesen im Wasser und zu Lande, kann er diesen Studien zufolge bei Menschen zu Zuständen von Beklemmung, Furcht oder Übelkeit führen. Demnach wird es manch einem um Industrie- und Windkraftanlagen oder in urbanen Schallfeldern ungemütlich. Britische Wissenschaftler haben eine noch weiter gehende Hypothese aufgestellt: dass nämlich das, was manche seit alters als Spuk wahrnehmen, auf diesen Infraschall zurück zu führen sei.

Es ist also nicht auszuschließen, dass Marx und Engels 1848 im ersten Satz des „Kommunistischen Manifests" eine Teilwahrheit formulierten: dass nämlich ein Gespenst in Europa umgehe. Innerhalb des Metarealismus hält man es für möglich, dass das, was Wale und Elefanten sich mitzuteilen haben, in der Welt des modernen Menschen einen gespenstischen Unterton darstellt. Der Metarealismus sei ein solcher Unterton.

Zen-iler Metarealismus

Es ist der Zen-Buddhismus, der jedes nur denkbare Gegenteil mit einbegreift, Askese und Genuss, Flickenkittel aus feinster Seide, Bettelschale und Benz, Wort und Schrift.

Ursprünglich bedeutet Zen Meditation. Also Stille? Wenn man die ziegelsteindicken Erläuterungsschriften seiner Adepten und Protagonisten sieht, möchte man daran zweifeln. Der Zweifel aber indiziert, dass man Zen nicht begriffen hat. Denn er begreift seinerseits diesen Zweifel mit ein. Er ist die Überwindung aller Gegensätze und Unvereinbarkeiten, er integriert alles, und das in beide Richtungen. Insofern hätte man ihn auch trotz Kopfschütteln schon immer irgendwie begriffen.

Man hat den Metarealismus als Zen-Buddhismus niederer Potenz bezeichnet, der in einer Nische der von Erkenntnis und Erleuchtung aufgegebenen Gebiete hause. Von einem rhetorisch geschulten Zen-Meister wurde sein verschwiegenes Büchlein als „Leerreden von Unbelehrbaren an ihresgleichen" abgefertigt. Die Formulierung wurde als Name für ein metarealistisches Periodikum aufgenommen.

Metarealismus als Religion?

Aus den Reihen der Politik und der Vernunft konnte man bereits vereinzelt den Schlachtruf „Null Toleranz gegenüber dem Metarealismus!" vernehmen. Seine Anhänger, die von Böswilligen als seine Vertreter tituliert werden, nahmen es als Zeichen, dass er endlich ernst genommen werde.

Wahrscheinlich weniger ernst gemeint war die im Gegenzug auf dem Sonthofener Gleichstellungssymposium erhobene Forderung nach seiner Anerkennung als Religion. Man habe schon Regeln der Geschirrbenutzung entworfen, um die Tischgemeinschaft mit Ungläubigen zu verhindern, und man verfüge bereits über die Logistik eigener Lebensmittelketten für metarealistische Diätvorschriften. Die Reaktionen reichten von Achselzucken über Kopfschütteln bis hin zu Standing Ovations. Die Absurdität und Aussichtslosigkeit der Forderung wurde schließlich durch den Hinweis unterstrichen, dass noch niemals im Namen des Metarealismus getötet wurde, weder Tier noch Mensch.

Gegenstrom

Metarealisten glauben nicht, dass ihre Sicht der Dinge wahr ist, schon wegen der Konsequenzen. Denn *wenn* es so wäre und der Metarealismus als Lehre verkündet werden könnte, dann könnte er, der alle Grenzen überschreitet, nur als Weltreligion antreten. Dann müsste er die Welt mit Zeichen überströmen, bis sie eine Welt ohne Zwischenraum wäre. Er müsste eine Lehre für alle Fälle und Zwischenfälle parat haben. Denn der Zwischenraum ist der Raum der Skepsis, in dem sich die Zeichen, die von der Wahrheit selbst künden sollen, selbständig machen, um sich gegenseitig aufzulauern und sich auszuspielen.

Tatsächlich aber ist Metarealismus der Gegenstrom, der überall dort einsetzt, wo etwas zur Lehre gerinnen will. Nur wenn man sich von diesem Gegenstrom treiben ließe, heißt es, käme man unbeschadet zwischen der

Skylla der Skepsis und der Charybdis des Dogmas hindurch, zurück zur Leere.

Neuronale Resonanz der Wirklichkeit

„Neuere Studien belegen" das Wissen unserer Zeit. So auch, dass es in unserem Gehirn eine physiologische Basis für den Metarealismus gibt.

Spiegelneuronen sind Nervenzellen, die bei der Beobachtung irgendeines Geschehens etwas im Gehirn auslösen, was auch ausgelöst würde, wenn das Geschehen nicht bloß beobachtet, sondern durch eigenes Handeln hervorgerufen würde. Dadurch kann der mit dem Gehirn verbundene Körper, gegebenenfalls die ganze Person, es schließlich auch selbst machen.

Es begann mit der Beobachtung, dass Makakenjunge, denen man die Zunge herausstreckt, ihrerseits die Zunge herausstrecken. Das Phänomen war bereits von Menschen bekannt, aber wissenschaftlich nicht erschlossen. Erst die Beobachtung der Makaken führte zu der weit reichenden Entdeckung der Spiegelneuronen. Letztlich, so die Gehirnforschung, seien Sprache, Denken, Kultur und noch das ansteckende Mitlachen nur durch diese Spiegelneuronen möglich.

Prompt erklärten sich Metarealisten, die den Vorwurf der Anbiederung an die Tageswahrheiten der Wissenschaft nicht scheuten, unter Lachtränen zu einer neuronalen Resonanz der Wirklichkeit. So verweist der Metarealismus zum Beleg für die heitere Verfasstheit der Wirklichkeit auf sich selbst als ihr Spiegelphänomen.

Antischall

Metarealismus ähnelt Antischall. Antischall ist eigentlich normaler Schall, nur dass er zum Zweck einer destruktiven Interferenz erzeugt wird, d.h. um Schall, den wir als störend empfinden (sprich: Lärm) auszulöschen. Er löscht die störenden Geräusche nicht dadurch aus, dass er sie einfach übertönt, sondern dadurch, dass er sich ihnen gleich macht, nur eben umgekehrt, mit anderem Vorzeichen. Es ist, als ob der Lärm durch sein Double geschluckt würde. So gibt es Antischall in Kopfhörern gegen Umgebungslärm oder eingebaut in Autos als Rauschunterdrücker gegen Innengeräusche.

Was den Vergleich mit Antischall hinken lasse, so der Einwand der Vernunftpartei, sei, dass der Metarealismus nicht Lärm, also störendes Rauschen, lösche, sondern Kultur tragende Diskurse. Dort, wo man ihn als Störgeräusch abtun will, verweist er auf ebendiesen Einwand, der ihm attestiert, eine Angleichung an das Selbstgespräch der Vernunft zu sein, nur eben mit umgekehrten Vorzeichen.

Antimaterie

Es gibt eine physikalische Theorie, der zufolge das Verhältnis von Materie und Antimaterie zur Zeit des Urknalls fast 1:1 war. Da Materie und Antimaterie sich gegenseitig annihilieren, hätte es uns, einschließlich der Wirklichkeit und des Metarealismus, beinahe gar nicht gegeben. Ein winziger Bruchteil Übergewicht zugunsten der Materie – von dem man beunruhigender Weise nicht weiß, wie es zu ihm kam – führte dann zu dem Universum, wie wir es zu kennen glauben. Damit aber war das Schicksal der Antimaterie nicht besiegelt. Wenn man heutzutage Energie in Teilchenbeschleunigern umsetzt, entsteht immer wieder zu gleichen Teilen Materie und Antimaterie. So bleibt die Materie aufgrund des Startvorteils insgesamt in der Überzahl, allerdings nur minimal. Doch was, wenn eines Tages, vielleicht wiederum aus ungeklärten Gründen, ein Ungleichgewicht bei der Energieumwandlung entstehen sollte, diesmal aber nicht zugunsten der Materie, sondern der Antimaterie?

Es gibt Stimmen, die den Metarealismus in die Nähe eines solchen kosmologischen Nihilismus rücken. In der Tat scheint er eine starke Affinität zur Antimaterie zu haben. Selbst wenn man seine Anhänger dem Lager der Materie zurechnet, scheinen sie notorische Überläufer zu sein. Will man die Position einzelner, angeblich irgendwo aufgetauchter Metarealisten angeben, verschwinden sie umgehend in ihrem Gegenteil, ganz wie ein von seinem Antiteilchen erfasstes Teilchen. Es ist, als gehörten sie zu einer Fraktion der Materie, die sich gegenüber der Antimaterie niemals in der Überzahl befindet.

Einer anderen Theorie zufolge entstammt der Metarealismus dem Reich der Antimaterie. Es heißt, dass überall dort, wo es scheinbar normal zugeht, schon der Metarealismus lauert, um sich zusammen mit der entsprechenden Wirklichkeit ins Nichts zu stürzen. Diese Theorie vom antimateriellen Wesen des Metarealismus wird gestützt durch die These, dass sich Antiteilchen rückwärts durch die Zeit bewegen, so wie es der Metarealismus gelegentlich auch für sich in Anspruch nimmt.

Die Theorien über die Rolle des Metarealismus innerhalb der Paarbeziehung von Teilchen und Antiteilchen scheinen sich wie diese selbst gegenseitig aufzuheben. Daraus entstand eine dritte These, wonach der Metarealismus weder die Stelle des Teilchens noch des Antiteilchens einnimmt, sondern erst durch das Zusammentreffen beider entsteht, d.h. mit ihrer Annihilation. Vernichtung von Materie bedeutet in der Physik keinen abrupten Zustandswechsel von Sein zu Nichts, sondern sie setzt Energie frei. Als Träger dieser Energie, die aus dem Verschwinden der Dinge entsteht, unterstellt man kurzlebige virtuelle Teilchen, denen dieser These zufolge

Metarealisten ähneln. Sie wären sozusagen die lachenden Dritten eines Annihilationsgeschehens, wie alles Lachen aber nur von vorübergehender Existenz. Sie tauchten nur als Verschwindende auf.

Weg ohne Strecke

Bis Einstein glaubten die Physiker, dass die Menschen an eine absolute Zeit glauben. Gleichzeitige Ereignisse in einem Bezugssystem fanden ihrer Meinung nach auch für alle anderen gleichzeitig in einem anderen Bezugssystem statt. Seit der speziellen Relativitätstheorie aber ist denkbar, dass in einem System gleichzeitig passiert, was in einem anderen System nacheinander erscheint, und umgekehrt. So konnte es zum Metarealismus kommen, der Ereignisse zitiert, von denen unsere Zeit noch nicht oder nicht mehr weiß.

Doch wie gelangte er in unsere Welt? Nach Einstein müsste der Metarealismus dazu einen Weg zurückgelegt haben und hätte dabei nicht schneller als das Licht gewesen sein können. Die Lichtgeschwindigkeit hatte Einstein zur letzten Konstante unseres Universums erklärt. Kein Signal, kein Gegenstand, kein Ereignis, nicht einmal der Metarealismus sollte schneller als das Licht übertragen werden können. Demnach müsste er irgendwo auf diesem Lichtweg, wenn auch an unterschiedlichen Koordinaten in unterschiedlichen Bezugssystemen, verortet werden können. Doch das ist nicht der Fall.

Der Metarealismus gibt sich daher als Kind quantenmechanischer Experimente aus, bei denen sich eine augenblickliche, nicht durch den Weg des Lichts behinderte Informationsübertragung hat feststellen lassen. So sei er, ohne eine Wegstrecke zurückzulegen, deckungsgleich und unbemerkt in unsere Wirklichkeit versetzt worden, aus der er nun nicht mehr weggedacht werden könne.

Daraus hat man eine Korrektur der alten These vom Weg als Ziel abgeleitet. Der metarealistische Weg sei einer ohne Ziel und daher auch ohne Wegstrecke. Die Strecke, die der Weg des Metarealismus hinter sich lasse, sei immer schon überwunden, so dass er mit geisterhafter Plötzlichkeit im Sein erscheine. Mit derselben geisterhaften Plötzlichkeit verschwinde er allerdings auch wieder, wenn bzw. wo man meint, ihn verorten zu können.

Zeugen der Sterne

Es gibt Phänomene, die wie das Sternenlicht nur als vergangene wahrnehmbar sind. Selbst wenn es jene Sterne als Quelle des Lichts, das wir sehen, noch geben sollte, existieren sie nicht in derselben Zeit wie in unserer Wahrnehmung. Lichtstrahlen, die sie jetzt gerade aussenden, werden aller Wahrscheinlichkeit nach nicht mehr von Menschen auf diesem Planeten wahrgenommen. Das Licht aus den Tiefen des Universums erreicht uns erst nach vielen Jahrmillionen oder gar Jahrmilliarden – Zeiträumen, die uns auch als Spezies zu dauern nicht vergönnt sind. So hat die Ausdehnung des Erkenntnishorizontes die Phänomene unserer Welt in eine intergalaktische Vergangenheit versetzt.

Der Astrophysik gleich schwenkt der Metarealismus das Fadenkreuz der Erkenntnis durch die Räume der Zeit. Als verfügte er über ein frei bewegliches Gelenk, stößt er dabei auch auf Phänomene der Zukunft, die im Rücken der astrophysikalischen Teleskope bleiben. Es sind Phänomene, die wie das Sternenlicht zur rechten Zeit eines Zeugen bedürfen, um nicht unbemerkt an uns vorüber zu gehen. So blendet der Metarealismus das, was es wissenschaftlich nicht oder zumindest nicht wahrnehmbar gibt, in unsere Wirklichkeit ein – die es einer seiner Thesen zufolge sonst vielleicht auch nicht gäbe; zumindest nicht so, wie wir sie kennen. Eine Wirklichkeit ohne Metarealismus wäre wie eine physikalische Welt, in der das Sternenlicht erloschen wäre.

Getarnte Normalität

Im Normalfall ist ein ausgeplaudertes Geheimnis keines mehr. Metarealismus aber ist der Fall, in dem auch das anders ist. Er ähnelt einer Erfindung, die sich nicht entdecken lässt. Er hat daher kein Gegenüber, dem man sein Geheimnis ausplaudern könnte.

An ähnlichen Erfindungen arbeitet die Unsichtbarkeitsforschung. Aufgrund ihrer militärischen Relevanz wäre sie selbst gerne so unsichtbar wie der Metarealismus – der ihr bisher entgangen ist. Während sie astronomische Summen an Forschungsgeldern verschlingt, um Kampfflugzeuge oder die sie aufspürenden Radargeräte unsichtbar zu machen, entgeht ihr das Unsichtbare vor ihren Füßen.

Die Spur des Unsichtbaren reicht weit zurück. Hades hatte einen von Zyklopen gefertigten Helm, der ihn im Kampf gegen die Titanen unsichtbar machte. Perseus verfügte über eine Tarnkappe, die er bei seiner Suche nach der Gorgone Medusa von Nymphen bekam. Zwerg Alberich hatte ein Tarncape, das ihm half, den Nibelungenhort zu hüten, bis Held Siegfried es ihm abnahm. Der Wunsch, unsichtbar werden zu können, vereint Götter, Helden und Zwerge, und er wird den Menschen begleiten, solange es ihn gibt. Zu allen Zeiten haben Illusionisten Menschen vor den Augen ihres Publikums verschwinden lassen. Dieses lässt sich davon bezaubern, auch und gerade wenn es davon überzeugt ist, es mit einem Trick zu tun zu haben.

Die rezente Unsichtbarkeitsforschung setzt wie Mr. Griffin, H.G. Wells' „Invisible Man" (1897), nicht auf Tricks, sondern auf wissenschaftliche Erkenntnisse über die Lichtbrechung. War es diesem gelungen, lebendes Gewebe unsichtbar zu machen, so ist der heutigen Forschung v.a. an der Tarnung toter und Tod bringender Materie gelegen. Sie benutzt dazu Metamaterialien mit einer negativen Brechzahl, d.h. künstlich erzeugte Strukturen, die das Licht auf eine Weise streuen, wie natürliche Materialien es nicht können. So konstruiert sie Folien, die über Gegenstände gelegt werden und das Licht wie ein flacher Spiegel reflektieren, wodurch das darunter Liegende unsichtbar wird.

„In Amerika" arbeitet man bereits daran, nicht nur Dinge, sondern Geschehnisse in der Zeit unsichtbar zu machen. Dabei wird nicht die Richtung der Lichtstrahlen verändert, sondern ihre Geschwindigkeit. Wird der vordere Teil eines Lichtstrahls beschleunigt, der hintere aber verlangsamt, entsteht ein Loch. Fügt man die getrennten Lichtstrahlen dann wieder zusammen, bleibt das im Zeitloch statt gehabte Ereignis unsichtbar. Wissenschaftlich lassen sich damit zur Zeit nur Ereignisse einer Länge von 50 Billionstelsekunden unsichtbar machen. Metarealisten aber behaupten, selbst Äonen seien nichts anderes als eine Verkettung von Billionstelsekunden.

Bis man Äonen, am Ende vielleicht das ganze Geschehen seit der Schöpfung, wenn schon nicht ungeschehen, so doch unsichtbar machen könne, entstünde bei den unvollkommenen Versuchen immer wieder dasselbe: Metarealismus. Genau genommen sei er also doch keine Erfindung, sondern nur das Zwischenergebnis bei der Suche nach einer solchen.

Odins Münze

Odins Münze ist, wie wir aus einer Erzählung von Jorge Luis Borges wissen, das einzige auf der ganzen Welt, was nur eine Seite hat. Deshalb ist sie unsichtbar.

Weil sie Odins Münze nicht sehen können, glauben die meisten Bewohner dieses Universums nicht an ihre Existenz. Sie glauben, dass dasjenige, was sie sehen, zwei Seiten habe, und dass sie die Rückseite der Dinge sähen, wenn sie um diese herumgehen oder einen Spiegel hinter sie halten.

Metarealisten wenden ein, dass man sich auf diese Weise in ein Potemkinsches Universum einschließe, denn man sehe immer wieder nur Vorderseiten der Dinge. Erst mit einer Umkehr der Zeitrichtung gehe die

Rückseite der Dinge auf. Sichtbar werde sie, wenn man Odins Münze vor Augen habe.

Magische Rückseite

Könnten sich die Vernunft und der Metarealismus zusammentun (was nach einer These des Metarealismus nur deshalb nicht möglich ist, weil es immer schon der Fall ist), so beherrschten sie die Magie der Welt, mit der man die Dinge fast beliebig erscheinen und verschwinden lassen kann. Während die Vernunft die Rückseite der Dinge aus den Augen verloren hat und sie dadurch für ihre Gefolgschaft unsichtbar werden lässt, versteht sich der Metarealismus darauf, sie wieder erscheinen zu lassen. Dabei fällt etwas auf, was der Vernunft alleine merkwürdig vorkäme: Je genauer man diese Rückseite der Dinge betrachtet, desto größer wird sie. Obwohl wir wissen, dass sich das Universum ausdehnt und die Dinge sich daher von uns entfernen, bewegt sie sich unaufhaltsam, wie wir es früher nur von der Zukunft dachten, auf uns zu. Es heißt: Wenn sie ganz zu uns gekommen wäre, wären wir es auch.

Durchzug

Das Verlangen nach Behaustheit hat Menschen immer wieder zum Nachdenken über Architektur geführt, und im Gefolge zu einer Architektur des Denkens. Als sei man nur in der Welt zu Hause, wenn man sie im Schutz eines Gedankengebäudes bewohne.

In der Geschichte des Denkens kommt alle paar Generationen ein Großer, der ein ganz oben angebrachtes Fenster aufstößt, um das Jahrtausende alte Denkgebäude zu lüften. Diese Großen schüren die Bauwut der kleineren Radikalen, die immer wieder ganze Trakte einreißen, um sie durch neue Bauten zu ersetzen.

Metarealisten sehen das Gemeinsame der beiden Verfahren darin, dass sowohl die alten als auch die neuen Paläste des Geistes sich auf etwas gründen müssen, was feststeht. Was feststeht, sind dem Metarealismus jedoch illusionäre Verhaftungen, die das Leben zu einer Art Festungshaft machen. Der Metarealismus ist keine Bauhütte, die einen neuen Tempel errichten will. So wie die alten Stämme ihre Götter unter freiem Himmel verehrten, so sucht auch der Metarealismus den Weg ins Freie.

Wenn man überhaupt von metarealistischen Denkgebäuden reden will, dann lassen sie sich nur mit dem Spiel der Wolken, der Wellen oder der Flammen vergleichen, das jedweden Bestand im Augenblick seines Anblicks auch schon wieder mit elementarer Kraft verflüchtigt. Blickt man aus einem Fenster dessen, was wie ein Denkgebäude aussieht, so löst sich sein Inneres auf. Mythorealisten behaupten, dass es die alle Erinnerung und alle Gedanken mit sich tragenden Raben Hugin und Munin seien, die nach dem Untergang der Götter rastlos in den Gedankenkonstrukten des Metarealismus ein- und ausflögen und diese mit jedem ihrer Flügelschläge verwandelten. So herrsche immer Durchzug in den Konstrukten, in die es keinen Einzug gebe.

Zeit und Fenster

Manchmal schließen sich Zeiträume, wenn man die Fenster zu ihnen öffnet.

Der f-liegende Pfeil

Das verschwiegene Buch Metarealismus gleicht einem fliegenden Pfeil und damit einem Paradox. Der eleatische Philosoph Zenon hatte den Nachweis geführt, dass ein Pfeil zu fliegen aufhört, sobald wir seine Bewegung zu denken versuchen. Denn auch der fliegende Pfeil befände sich zu jedem Zeitpunkt an einem bestimmten Ort. An diesem Ort, der mit seiner Gestalt identisch sei, ruhe der Pfeil und habe gar keinen Raum für Bewegung. Dort aber, wo er nicht sei, könne er sich schlechterdings auch nicht bewegen. Diogenes Laertios fasste das so zusammen: „Zenon schafft die Bewegung ab, indem er argumentiert, das Sichbewegende bewege sich weder an dem Ort, wo es ist, noch an dem, wo es nicht ist." Seither, d.h. seit rund zweieinhalbtausend Jahren, arbeiten sich die Philosophen an Zenons Argumenten ab.

Zenon war es gelungen, das Offensichtliche zu widerlegen und das scheinbar Unzutreffende zu beweisen. Das legte den Vergleich mit dem Metarealismus nahe, den man als ebenso abstrus, wenn auch nicht ebenso durchdacht bezeichnet hat. Doch gerade ihm kam die Rehabilitierung der fraglich gewordenen Bewegung zu. Denke man den Pfeil und den Ort, an dem er sich befinde, als mit sich identisch, sich gleich bleibend, dann könne der eigentlich nur liegende Pfeil des Zenon tatsächlich nicht fliegen, um diesen Ort zu verlassen. Das aber seien Spekulationen über einen unzugänglichen, weil vergangenen Ort und einen vergangenen Pfeil, die sich beide so nicht konservieren ließen. Nur wenn Ort und Pfeil nicht sind, was sie sind, und sind, was sie nicht sind, würde aus dem liegenden ein fliegender Pfeil.

So argumentierte der Metarealismus mit sich selbst und seinem verschwiegenen Büchlein. Glich dessen

Auftauchen im Jahr 1990 bereits einem Paradox, so wäre es reiner Widersinn zu glauben, es könnte sich 22 Jahre lang als mit sich selbst identisch durchgehalten haben. Der Metarealismus ist kein liegender Pfeil. Das wäre er nur, wenn er ein Ziel gefunden oder sich erschöpft hätte. Solange dies nicht der Fall ist und er ist, was er nicht ist, nämlich die Wirklichkeit, solange sei auch diese bewegt.

Zum Beleg wird im Folgenden das Büchlein von 1990 nachgedruckt, das selbst bereits halb dokumentarisch war und eine metarealistische Geschichte des Metarealismus in den 1980er Jahren skizzierte. Nicht alles ist uns erhalten geblieben, vieles ist weggefallen, anderes hinzugekommen. All das war anders nicht denkbar. Auch wenn es nicht so ist, wie es war – genau so soll es dokumentiert werden.

Das verschwiegene Buch
Metarealismus
(1990)

Vom Text und der Welt

Im Anfang sei das Wort gewesen, hieß es. Danach taten sich Fragen auf. War es gesprochen oder geschrieben? Ward es gelesen oder gehört? Oder gar geschaut? Und was war seinerseits im Wort?

Vom Anfang, der nicht stattfand

Den Anfang erzählt man sich so: Nichts hatte sich geändert, außer dem Tatbestand der Kessel- und Schornsteinhocker. Eines Tages war ein einzelner Mann im Lotossitz auf dem 30 Meter hohen Kessel eines Werksgeländes entdeckt worden. Keiner wußte, wie er da hochgekommen war. Keiner wußte, was er da wollte, oder ob er überhaupt etwas wollte.

Das eigentlich Beunruhigende war der ansteckende Charakter seines Gebarens. Auf allen größeren Betriebsgeländen wurden auf einmal diese Stummen aufgefunden. Unbeeindruckt von Sauerstoffmangel und Gaffern saßen sie wie indische Fakire auf kochendheißen Platten, wobei ihre Gestalten nur für kurze Augenblicke von schwarzen oder rostbraunen Rauchschwaden um sie herum freigegeben wurden. Überall, rund um die Welt, tauchten sie schweigend auf Kesseln und Schornsteinen auf.

Zum Beginnen

Nach Immanuel Kant müssen wir unterstellen, daß alles, was geschieht, einmal angefangen hat; zugleich aber auch, daß der Anfang gar nicht wirklich der Anfang war, sondern daß es etwas davor gab, woraus der bloß vermeintliche Anfang resultierte. Wir stehen also in einer paradoxen Situation, wenn wir mit etwas beginnen wollen.

Mehr noch als die Philosophen gehen die Metarealisten von der Unmöglichkeit des Anfangs aus. Man ist immer schon mitten drin. Von ihrem Tun und Lassen lassen sie sich dadurch nicht abhalten, ihr Ehrgeiz gilt nicht der Erkenntnis des Davor. Sie werfen einen Blick auf das Danach, um von dort aus zurück auf die Dinge zu schauen. Sie bewegen sich in einem Zeitgefüge, dessen Verräumlichung einer Escher'schen Treppe gliche.

Eskorte

Die Zeiten, da es ausreichte, wenn Autoren ihren Lesern ein Wort „zum Geleit" mit auf den Weg gaben, scheinen vorbei. Wir leben in einer Epoche massiven Geleitschutzes, wobei vor allem die Autoren selbst schutzbedürftig geworden sind. Was Politikern und Bankiers längst selbstverständlich ist, könnte auch ihnen zur Gewohnheit werden. Der Ayatollah hat das Fadenkreuz der Aufmerksamkeit auf den Autor gelenkt.

Niemals hat sich das gespaltene Verhältnis der modernen Literatur zu sich selbst deutlicher gezeigt als im Fall Rushdie. Erst beklagt sie sich unermüdlich, daß sie von niemandem mehr ernst genommen wird und alle Worte wirkungslos verhallen. Dann erscheint nach langer Zeit wieder ein Leser, der sie ernst nimmt, auf einmal scheint sich gar der alte Schriftstellertraum vom gefährlichen Leben zu erfüllen – und schon ist es wieder nicht recht.

Metarealisten verstehen den Glaubenseifer gegenüber den Autoren als Skepsis gegenüber den Lesern.

Staffellauf

Es führt eine geisterhaft wiederkehrende Traumsequenz vom Autor zum Leser. Sie handelt von einem kuriosen Staffellauf: Der nächste Läufer startet viel zu früh und jagt uneinholbar davon. Doch er selbst glaubt, das Holz fest in der Hand zu haben und wundert sich, warum sein Vorläufer immer noch hinter ihm her rennt. Es ist ein groteskes Schauspiel, denn es täuschen sich beide. Es ist der Text, der beiden davonläuft. Autor und Leser irren um den unhaltbaren, entweichenden Text herum, der sich in kein Staffelholz komprimieren läßt. Sobald man ihn ergreifen will, entwindet er sich. Nur wenn man ihm seinen Lauf ließe, heißt es, hielte er ein und öffnete sich. Dann schriebe er sich selbst vom Autor und im Leser fort.

Das Entgegenkommen der Zeit

Texte bestehen aus Zeichen. Zeichen – das also, was dauert, sich wandelt und vergeht – stellen die Textur der Zeit dar. Dem Metarealismus steht die Zeit in Spannung zu Zeichen. Er liest Zeichen der Zeit, die sich um die Zeit der Zeichen stülpen. Im Juli 1989 wurde in einer holländisch-englischen Kulturzeitschrift ein leicht apokalyptisch grundierter und dem damaligen Zeitgeist entsprechend zeichentheoretisch angehauchter Text veröffentlicht, dessen letzter Abschnitt die Überschrift „Ein-Blick in die Meta-Realität" trug. Er suggeriert, daß entzeitlichte Zeichen endzeitliche seien:

Die Rückseite ist überall – und längst nicht mehr nur noch als jeweils von uns abgewandte.

Der Metarealismus operiert mit den durch die Moderne entzeitlichten Zeichen. Er weiß, daß der Zeit-Raum, dem sie angehören, erst durch ihre Zirkulation geschaffen wird. Diese Einsicht befähigt

Metarealisten dazu, selbst in das Spiel um die Wirklichkeit einzugreifen. Durch geeignete Drinnen-Draußen-Operationen lassen Metarealisten ungewohnte Scheidelinien durch den Bestand laufen, mit denen sich das, was ist, von dem, was nicht ist, trennt – und wieder anders verbindet. Es entstehen bewegliche Denkmuster, die im Zeichenverkehr der Moderne mit nichts als sich selbst übereinstimmen (und das oft nur äußerst kurz). Zugleich suggerieren sie jedoch, im Bunde mit einer uncodierbaren Realität zu sein, mit der sie auf einer Parallelebene Kontakt aufgenommen haben. Einige behaupten, der Kontakt fände nur als katastrophaler Zusammenstoß verschiedener Zeichenebenen statt.

*In einer West-Berliner Handzeitung (*Das bleiche Feuer*, ohne Impressum) fanden sich übersetzte Passagen aus einem metarealistischen Manifest, das im Oktober 1988 in Rom aufgetaucht war: „Gott ist tot, die* res *ist verschwunden und die Zeichen werden durch keinen Sinn mehr gebremst. Das sind die Ausgangsbedingungen für den Metarealismus, um den Überfluß an Signifikanten zur Sprache zu bringen."*

Der Metarealist glaubt an metaphorische Realitäten, aber er bezweifelt, daß sie durch den Glauben zu haben sind. Metarealismus ist der Versuch, einen Boden zum Schwingen zu bringen, den es nicht gibt.

Der Metarealismus operiert mit imaginären Größen, er ist eine imaginäre Größe.

Der Metarealismus wartet nicht auf die Rückkehr der Realität, auf den alles beschließenden Akt. Auch dieser ist aus seinen Blickwinkeln schon passiert, und es geht weiter – bis zur nächsten Enthüllung der Dinge. Wir leben immer post- und zugleich schon prä-apokalyptisch. Das ehrgeizige Unternehmen des Metarealismus ist es, sich auch zwischen den Ereignissen mit der Realität in Deckung zu bringen. Er imitiert, was wir nie zu Gesicht bekommen. Das lineare Geschichtskontinuum hat überall Zyklen ausgelöst, die nun, nachdem es flach geworden ist, auf Parallelebenen ablaufen. Der Metarealismus zitiert solche Parallelebenen. Wenn ihm der richtige Einsatz gelingt, so glauben seine Anhänger, müßten die spielerischen Zeichen schicksalhaft in unserer Welt auftauchen.[5]

Kein Außerhalb

Noch immer, vielleicht für immer, herrscht Unklarheit über den Charakter des Metarealismus. Handelt es sich bei ihm um eine Philosophie, um eine literarische, eine

---

[5] *Mediamatic* 3/4, The European Art/Media Magazine, Amsterdam, Juli 1989.

künstlerische oder eine soziale Bewegung? Findet er in Texten statt oder „draußen", im Leben?

Wir kennen nur Zeichen. Jedes Buch über den Metarealismus würde zu einem Buch der Enttäuschungen, sobald man in einer Wirklichkeit außerhalb seiner etwas suchte, das ihm entspräche. In dieser Situation spendet das verschwiegene Buch Metarealismus zugleich Trost für die Enttäuschung, die es auslöst. Der Trost liegt in der Erklärung, daß es kein Außerhalb gibt. Der Metarealismus *ist* die Wirklichkeit. Diese ist der Text des verschwiegenen Buches.

Das Über-All

Während die einen den Ursprungsort des Metarealismus auf die Schornsteine der Industriezonen von Kalkutta verlegen, sehen andere die Bibliothek als seine Geburtsstätte an. Diese Bibliothek, so sagen wieder andere, kann nur jene sein, die überall ist: Das Über-All. Sie berufen sich auf eine alte, von jeder Generation dem Leben neu abzugewinnende Erkenntnis.

Zum Abschluß sei an eine Erzählung von Jorge Luis Borges erinnert, die von dem Bemühen einiger, vornehmlich argentinischer Männer berichtet, einen Weltkongreß zu organisieren, „in dem alle Menschen aller Länder vertreten wären." *Nach jahrelangen, aufwendigen Vorbereitungen, befiehlt der Präsident des Zirkels, alle angesammelten Akten und Bücher zu verbrennen und sich aufzulösen.* „Das Unternehmen, auf das wir uns eingelassen haben, ist so ungeheuer, daß es – jetzt weiß ich es – die gesamte Welt umfaßt. Es besteht nicht aus ein paar Schwätzern, die in den Schuppen einer entlegenen Estancia vor sich hindösen. Der Weltkongreß hat mit dem ersten Augenblick der Welt begonnen und wird weitergehen, wenn wir zu Staub geworden sind. Es gibt keinen Ort, an dem er nicht ist."[6]

Borges' Erzählung vom Weltkongreß beschreibt den Moment, in dem Metarealisten von sich selbst erfahren. Es heißt, sie kämen zu der Erkenntnis, Metarealisten zu sein, wenn sie zu der Erkenntnis kommen, daß all das, was sie zu organisieren und erreichen versuchten, immer schon und überall geschieht. Sie müßten es nur sein lassen.

---

[6] „Fadenriß der Wirklichkeit", in: *vmax*. Zeitschrift auf der Überholspur, Berlin 1985.

Von der Kunst, es sein zu lassen

Es heißt, daß man durch die Meisterung des Metarealismus an einen Ort gelangt, an dem man schon immer war.

Nautische Narren

Der nautische Narr verschweigt sein Leben. Er sitzt im Mastkorb, ist dort und nirgends sonst, nicht mehr und nicht weniger. Niemand weiß, ob er Ausschau hält, und wenn ja, wonach. Im Bordbuch würde man vergeblich nach einem Zeugnis seiner Existenz suchen. Und doch gibt es die These, wonach das Schiff ohne ihn unweigerlich stranden müßte. Jedes Schiff brauche einen Navigator des Geschehen-lassens, der mit seiner Bewegung mitgehe. Nur die nautischen Narren seien eins mit dem Meer, eins mit dem Wind, eins mit dem Schiff.

Manchen erscheinen Metarealisten, die den Sinn ihres Gebarens verschweigen, als nautische Narren. Andere sagen: Also erscheinen sie nicht.

Zeit haben oder sein lassen

Metarealisten behaupten, keine Zeit zu haben. Seitdem man Zeit haben könne, sei sie knapp geworden, und alle seien in Eile. Nur die Metarealisten nicht. Bei ihnen sei das Nicht-Haben von Zeit keiner Verknappung geschuldet, sondern ihrem Sein-lassen.

Es sei nur eine Nuance, die Metarealisten von den Geschäftigen und den Beschäftigungslosen trenne. Sie aber nehme dem Verrinnen der Zeit den Stachel. Wenn Metarealisten Zeit ungenutzt verstreichen ließen, blockierten sie das Werdende weder durch Tätigkeit noch durch Untätigkeit. Wenn man die Zeit gewähren und einfach sein ließe, heißt es, kämen und gingen die Phänomene ganz von selbst in Ordnung. Das ist unserem wachstumshungrigen Heute zu wenig. Nur die Morgigen danken es dem Metarealismus, daß die durch ihn ungenutzt verstrichene Zeit ihnen nicht geschadet hat.

Der Erinnerungswert

Es heißt, erst wenn die Dinge ihren Gebrauchswert abgestreift hätten, erstrahle ihr Erinnerungswert.

Privatbibliothek

Bibliotheksbewohner kennen die Zustände: Vor den Augen beginnen die Buchstaben zu tanzen, aber sobald man ihrem Reigen zuschauen will, stehen sie stumm und bedeutungslos da. Will man die Stelle noch einmal lesen, geht derselbe Schabernack von vorne los. Lehnt man sich zurück oder legt sich auf die Couch, mag ein freilaufender Gedanke vorbeikommen. Das ist der Augenblick, aus dem schon unzählige Male die Kunst geboren wurde. Der Literat springt an seinen Tisch zurück, um den Gedanken festzuhalten. Es ist der Sprung in die Nachwelt.

Anders der Metarealist. Er ist in eine verborgene Kammer seiner Privatbibliothek gelangt. Das ist ihm denkwürdiges Ereignis genug.

Die Privatbibliothek eines Metarealisten besteht aus nie veröffentlichten Gedanken und Ideen. Auf den labyrinthisch wimmelnden Ablageflächen für Nie-Geschriebenes behält alles die Evidenz des Augenblicks. Es ist eine Welt theoretischer Torsos, genialer Fragmente und dilettantischer Systementwürfe, die wie in einem Computerspiel unvermutet auftauchen, um ebenso spurlos wieder am Bildrand zu verschwinden. Sie besitzen keine Signaturen und bleiben unbezeugt wie die Dinge im Stand der Unschuld. So können sie unvermutet auftauchen, wenn sich eine Korrespondenz im Geist ergibt.

Action Speaking

Irgendwo auf einer Küchenparty im Zustand der rauchenden Trümmerlandschaft oder schon dem der kalten Asche betreiben Metarealisten das Action Speaking, eine Art Laisser-faire der Worte. Es gibt Stimmen, die sagen, daß es den Metarealismus, zumindest in seiner urbanen Gestalt, überhaupt nur als Action Speaking gebe. Vor allem die Schrift wird von diesem Flügel als Stillstellungsversuch unhaltbarer Zeichen angeprangert, als ein Verrat des ungreifbaren Geistes an die Werkkultur.

Aber der Metarealismus wäre nicht er selbst, wenn er nicht all die Möglichkeiten der Wirklichkeit dessen, was er nicht ist, in sich enthielte und durchspielte. So wurde das Diktaphon als Botschafter der Werkkultur zum Accessoire bei Action-Speaking-Sessions. Die Teilnahme des stummen Zeugen mit dem unbestechlichen Gedächtnis wurde zur Welle. Bald machte jeder tagende Zirkel einen Mitschnitt von seiner Sitzung, den man sich später im kleinen Kreis noch einmal anhörte, be- und übersprach, wobei man diese Unterhaltung zu dem gleichzeitig abspielenden Band wieder aufnahm. Am Ende gab es Klangensembles mehrstufiger Gespräche mit tickenden Uhren, diversen Radioprogrammen, morgendlichen Vogelstimmen... Gab man solche Bänder experimentell an unbeteiligte Metarealisten weiter, wollten sie bei späterer Befragung ganz Verschiedenes gehört haben.

Die Sessions diversifizierten sich ins Unendliche. Mit der Zeit nahm das Streben nach dem Singulären, das durch die Vergleichbarkeit der Kopien angestachelt wurde, gestelzte Züge an.

„Bald können wir nicht mehr ohne die Verdoppelung unseres Lebens leben", hieß es auf einem der immer mehr selbstbezüglich geratenden Bänder.

„Konnten wir das je?", war als Antwort zu vernehmen. „Ist der Metarealismus nicht die Verdoppelung einer Welt – die es nicht im Zustand des unverdoppelten Originals gibt? Erst durch die Anfertigung von Instantan-Kopien ist der Metarealismus auf Augenhöhe der Welt, in der er stattfindet, und somit bei sich."

Manche sahen darin die Wiederkehr des alten Traums von der Unsterblichkeit, den sie verhöhnt wissen wollten. Das führte zu einer Diskussion von Bioy Casares' wundersamer Geschichte „Morels Erfindung". In ihr gelangt ein Flüchtiger auf eine unzugängliche Insel. Er entdeckt Menschen, die sich als Aufzeichnungen entpuppen. Am Ende, angezogen vom Bild einer aufgezeichneten Frau, Faustine, und wohl, wie es im Mitschnitt heißt, „um der Einsamkeit der Sterblichen angesichts der aus der Vergangenheit in die Ewigkeit treibenden Bilder zu entgehen", beschließt der Flüchtige, seine Welt der Sterblichen zu verlassen und selbst zur Aufzeichnung zu werden. Er will den Preis seines Lebens zahlen, um sich auf ewig mit Faustine zu verbinden. Das einzige Manko: Es wird nicht im Bewußtsein von Faustine geschehen. So bleibt dem vergehenden Flüchtigen nur die Hoffnung, daß einst ein

Zuschauer seiner Aufzeichnung ihn mit einer verbesserten Maschine in Faustines Bewußtsein bringen könnte.

Das Sitzungsprotokoll endet mit der Frage, ob auch der Metarealismus, der auf ewig in die Wirklichkeit eingeblendet sei, dieser durch einen zukünftigen Leser ins Bewußtsein gebracht werden könne, und ob dies als Hoffnung zu gelten habe; und wenn ja, für wen.

Spuren im Neuland

Die Phase, die sich als ewiger Frühling des Metarealismus mißverstand, war eine Zeit der Hymnen auf die Euphorie des Gedankenaustauschs, die nur beim Reden entstehen könne. In freien Improvisationen besang man den reinen Vollzug, der dem Augenblick eine poetische Würde verleihen sollte. Nur in ihm sei es möglich, daß den eigenen Gedanken durch Andere der Odem der Wirklichkeit eingehaucht werde.

Doch es gab Gegenstimmen. (In einem verschwiegenen Lexikoneintrag wird der Metarealismus als „gegenstimmiger Sirenengesang" bezeichnet.) Der Kult der Spontaneität und Unwiederholbarkeit lasse den Gedanken keineswegs Gerechtigkeit widerfahren, hieß es, sondern inhaftiere sie in einer vom Regime der Geistlosigkeit gewollten Augenblickhaftigkeit. Freies Denken hinterlasse vielmehr Spuren; Spuren, die als Wegweiser zu sich und uns kämen. Mit einem Bekenntnis zum Paradox wurde proklamiert, daß Metarealismus der Versuch sei, im noch unbetretenen Neuland Spuren zu entdecken. So schreite der Metarealismus als Kunst des Weitergehens, wo kein Weg war, voran. Würden Spuren im Neuland sichtbar, sei der Zeitpfeil, der alle Zeichen der Vergängnis und dem Vergessen ausliefere, umgekehrt.

Unter der Hand war die Debatte um das Action Speaking zu einem metaphysischen Ringen mit der Zeit geworden. Ausgerechnet in den „Graubündner Thesen" (Malmö, 1989) wurde darin eine verborgene politische Dimension ausgemacht – und mit ihr ein Widersacher. Wer durch reine Augenblickhaftigkeit die Vergänglichkeit überwinden wolle, hieß es in These Fünf, bewege sich auf der „Schiene der Systemzeit", die uns von unserer Vergangenheit wegführen (wörtlich: wegfahren) solle. Vergessen aber bedeute, die Wirklichkeit in einem Kontinuum mit den ihr täglich aufgepfropften Erinnerungen mißzuverstehen. Metarealismus sei der Versuch, das wieder aufzufinden, an was wir uns beim besten Willen nicht mehr erinnern könnten; der Versuch, Verschwundenes wieder sein zu lassen.

Das Fest der Stille

Weder Action noch Innenschau steht auf den Fahnen dessen, was sich mit einigem Mut zum Selbstwiderspruch als metarealistische Literatur deklariert hat. In ihr wird kein Hohelied auf ein Leben gesungen, das noch nie so schnell und vergänglich, bunt und spannend wie heute war. Genauso wenig wird ein greinendes, neu- oder nach-deutsches Ich stilisiert, das zum jammernden Rezeptionsapparat einer schlechten Welt geworden ist. Statt dessen geschieht in dieser Literatur, die man in ironischer Anspielung auf das Abschlußprotokoll des Kongresses von Gibraltar über „Das Erbe der Praxisphilosophie" quietistisch genannt hat, gar nichts. Sie zelebriert vielmehr das Ausbleiben von Ereignissen. Oder anders: die Ruhe gilt ihr als entscheidendes Ereignis in der Welt. Im „Fest der Stille" beispielsweise begegnen wir Zeitläufen, die niemanden brauchen – auch nicht das „Fest der Stille" oder seine Leser. Mit der Zeit, die kein Ende nimmt und doch unaufhörlich vergeht, wandert ein Sonnenstrahl durch die Baumkronen. Ein Blatt fällt im herbstlichen Wald, eine Kastanie prasselt durchs Laub, dürre Zweige knacken unter einem Schritt – womit auch schon die Höhepunkte an Spannung und Bewegungsreichtum in dem etwa 300 Seiten starken Werk benannt wären.

Ein Rezensent schrieb in den *Leerreden*: „Mit dem 'Fest der Stille' wird Stifters 'Nachsommer' zu einem Action-Thriller umgeschrieben." Seine Veröffentlichung wäre wie eine Schockwelle der Ereignislosigkeit durch die ganze Literaturgeschichte gelaufen.

Werke und Früchte

Es heißt, daß am Rande der Werke die schönsten Früchte der Zeitverschwendung auf uns warten.

Von der Überbietung der Macht

Alle Macht und folglich alle Ohnmacht baut auf der Illusion der Dauer auf, der eigenen und derjenigen der Welt. Da der Metarealismus diese Illusion nicht teilt, wird er auch zur Prophylaxe gegen Ohnmacht benutzt. Der Macht waren Metarealisten entsprechend stets ein Dorn im Auge, auch wenn sie wohl nie genau wußte, was da juckt und ätzt. Doch es gab Annahmen und Unterstellungen. So machte man den Metarealismus verantwortlich für das dumpfe Gefühl auf dem Nachhauseweg, der Politikerwitz, über den man vorhin noch schallend gelacht hatte, könnte auf einen selbst gemünzt gewesen sein. Schließlich kam es zu Diffamierungen. Auf einmal hieß es, die Nichtwahrnehmbarkeit des Metarealismus sei ein Beleg dafür, daß seine Zirkel das Licht der Öffentlichkeit scheuen. Doch Vorsicht! Gerüchte dieser Art werden gerne von Metarealisten selbst ausgestreut, die nicht öffentlich werden lassen wollen, daß sie nichts zu verbergen haben.

Die Macht der Zustimmung

Es heißt, Metarealisten könnten ein Gegenüber durch ihr vereinnahmendes Gebaren vernichten. Gemeint ist ein

Verhalten, das dem reinen Opportunismus gleicht. Metarealisten stellen sich der Macht nicht entgegen. Manche sagen, sie stimmten ihr zu, einige wollen sie beim Applaudieren gesehen haben. Doch es heißt, daß allein durch ihre Zustimmung die Macht so unsterblich blamiert werde, daß sie sich fortan keine weiteren Gedanken mehr über andere Formen der Unsterblichkeit machen könne.

Bei all dem bleibt der Metarealismus ungreifbar. Dadurch nimmt er der Macht ihre Bestand erhaltende Alternative. Der Zeit des Ausstands (Ratenzahlung, Beförderung, Vollbeschäftigung, Glück) hatte sich im Lauf der Geschichte immer wieder die Zeit des Aufstands entgegengesetzt – bis diese selbst wieder zur noch ausstehenden Zeit verkommen war. Der Metarealismus bildet keine Op-Position, er löscht den Gegensatz von Position und Opposition, und damit beide.[7] Der Metarealismus ist nie etwas Bestimmtes, auch und schon gar nicht das, was er jeweils behauptet. Er ist ein Tarnname für etwas, das kein Etwas ist. Bannt er Energie in Zeichen, so müssen diese über kurz oder lang weichen. Seine Zustimmung zu etwas ist daher nicht einfach wertlos, durch

---

[7] Im Editorial von *v max. Zeitschrift auf der Überholspur* (Berlin, 1985) hieß es: „Wir spielen für niemand Op-Position, denn jede Position kann uns gestohlen bleiben [...] Zu jeder Ebene läßt sich eine Meta-Ebene finden – deren Schicksal es wiederum ist, ebenfalls überstiegen zu werden."

die Verdoppelung treibt er den Keil der Differenz in alles Unhaltbare.

A more meta realismo

Spuren des Metarealismus finden sich in alltäglichen Situationen des Miss- und Unverständnisses. Unter dem Titel „A more meta realismo" besprach ein Artikel in der Gazzetta Silencia (Ferragosto 1988) äußerst bilderreich ein Geschehen in einer kleinen süditalienischen Ortschaft, bei dem es durch ein Zusammenspiel von Verwitterung und Graffitisprühereien zur Umdefinierung von Verkehrsschildern gekommen war. Die Erosion der Zeichen wurde mit der Materialermüdung geschundener Dinge verglichen. Sie zeige, daß sich die Zeichen gemäß dem Wunsch des Philosophen und des heiligen Thomas den Dingen angeglichen hätten. So wie diese uns bei der Ermüdung ihres Materials zuraunten „Ich will zurück in mein ursprüngliches Sein", so sehnten sich auch die „durch Jahrhunderte ihrer schriftlichen Codierung zermürbten Zeichen" nach dem Urzustand der freien Assoziierbarkeit. Vom Kommentator eines lokalen Senders als „nihilistische Pestilenz" verteufelt, wurde dem anonymen Artikelschreiber vom örtlichen Priester salbungsvoll eine „Ordensbarmherzigkeit an den Zeichen" attestiert.

Katastrophe der Kommunikation

Der Metarealismus zeichnet sich dadurch aus, daß er unauffällig und friedliebend ist. Hinzu kommt, daß er für gewöhnlich in seinem Gegenteil verschwindet, weswegen man eines seiner verschwiegenen Lager in den Reihen der Politik annimmt.

Wer sich mit dem Metarealismus beschäftigt und abgefunden hatte, so daß er das Paradox nicht mehr scheute, war nicht verwundert, Zeichen von ihm auf dem Ersten Internationalen Hacker-Kongreß zu entdecken, der im August 1989 im Amsterdamer „Paradiso" tagte. In der Diskussion um eine Hackerethik tauchte ein „Metarealistisches Manifest" auf, in dessen deutscher Version zu lesen war:

> Metarealistische Zeichenmanipulation zur Simulation eines Betrachterstandpunkts jenseits der Datenvernunft

Information ist nur ein möglicher Zustand im Zeichengewimmel, der ständig von der Delete-Taste bedroht ist. Alles ist nur eine Umschrift, und es ist nur eine Lesart, die alles zu Müll werden lassen kann. Aber der Informationsmüll ist selbst ein fruchtbares Datatop. Leere und Fülle wechseln sich aus wie Yin und Yang. Überfülle und Leere sind nur durch die Nuance einer Betrachtungsweise unterschieden.

Information verändert ihre Bedeutung genauso durch Stoffumwandlung wie die Materie. Sie macht Metamorphosen durch. Es gibt daher keine Vernichtung, nur Zustandsveränderung. Information ist das geregelte Setzen von Ladungen. Der EMP ist die Über-Ladung, die Heimholung ins Ungeschiedene durch den allgegenwärtigen Impuls. Im Innern des Möglichkeitsraumes wird sein Ende, das von Außen kommt, beschworen. Daß es ein Ende gibt, ist der einzige Beweis für die Wirklichkeit des Spiels, das darin besteht, seine eigenen Regeln herauszufinden. Der vollständig entzifferte Text hüllt sich in Schweigen. Dessen Echo dringt bereits aus der Zukunft zu uns durch: als Meta-Realität der Dinge.

In der holländischen Version des Manifests, die der deutschen keineswegs glich, war zu lesen:

Eine BILWET[8]-Feldpredigt im Maschinenpark unter Schirmherrschaft der Akademie für ambulante Wissenschaft

Der Virus des Metarealismus hat das Menschliche, Allzumenschliche verlassen und spekuliert auf das Unvorstellbare, das jenseits der Ideenwelt liegt. Er sucht Kontakt mit den Aliens im Netzwerk, den Krie-

---

[8] Stichting ter Bevordering van de Illegalen Wetenschap.

gern aus dem anderen Kreislauf, den rosa Panthern, die aus dem Bestiarium der Cyberzoologen entlaufen sind. Er fühlt sich zuhause in der biologischen Komplexität der unendlichen Relationen, Mutationen und Cross-overs. Er ist frei von Zielsetzungen und fühlt sich nur in der kettenreaktionären Befreiung des Erstaunlichen wohl. Er ist der Botschafter einer metarealistischen Ordnung des Chaos.

Vor uns liegt nicht das Datenreisen über gesicherte Wege, sondern das Aufgehen im Cyberspace. In ihm kann der hacktische Aufstand des totalen sensorischen Zusammenstoßes herrschen, aber genausogut die spiralisierende Seligkeit des New Age. Was das anbelangt, wird es nichts Neues unter der Sonne geben. Aber Er, der Virus, signalisiert auch, daß die Metarealität parat steht, um in alle Zonen zu dringen, in denen der Code entregelt wird. Der Fremdling ist noch nicht unter uns, aber er steht bereit. Er weiß. Er wartet. Er wartet auf uns. An den Cyberpunks ist es, einen Bund mit ihm einzugehen. Die Zukunft kommt von außen.

Die Meta-Realität der Dinge sei das Echo eines Schweigens aus der Zukunft, heißt es. Es klingt, als solle uns eine nichtssagende Zukunft bereits in der Gegenwart an Stelle der ausgedienten Utopien angedient werden. Das dabei erzeugte Befremden steigert sich mit dem Stichwort Virus zum Unbehagen. Ist der Metarealismus ein Virus, ist er von einem solchen befallen, oder ist er mit ihm im Bunde? Für die erste Lesart spricht, daß der Metarealismus auf die Wirklichkeit angewiesen ist wie ein Virus auf einen Wirt. Er reproduziert seine Struktur nur mit Hilfe der Wirklichkeit. Auch sein metamorphes Wesen, das sich jeder Wandlungsphase der Wirklichkeit anpaßt, ähnelt der Mutabilität von Viren. Deren Anpassungsfähigkeit (sprich: evolutionäre Intelligenz) gründet nach wissenschaftlicher Einsicht darin, daß ihnen permanent unkorrigierbare Kopierfehler bei der Replikation ihres Genoms unterlaufen, wodurch sich ihre Gestalt unablässig wandelt. Dadurch entziehen sie sich einer genauen Verortung und werden ungreifbar. Das ähnelt dem, was wir bisher über den Metarealismus wissen – der demnach aus Versehen unausrottbar wäre.

Aus der Analogie zum Virus zu schließen, daß der Metarealismus für die Wirklichkeit eine Plage darstelle, griffe jedoch zu kurz. Helfen Viren nicht ihrem Wirt, obsolet zu werden, damit er sich updaten und dann durch die aktuellste Systemversion auf den neuesten Stand bringen kann und muß? Man stelle sich Kommunikationsmittel und Wissensmaschinen vor, die nicht permanent veralteten! Der Geist müßte sich mit sich selbst beschäftigen, und die Wachstumswirtschaft müßte in den Krieg ziehen!

Wo Kinder ihre Höhlen bauen

Manche alten Völker können sich noch an Zeiten erinnern, die sie in Höhlen überstanden, während draußen die Katastrophen tobten. Nach Überlieferung der Hopi-Indianer war dies schon dreimal der Fall. Es sind Erinnerungen vorplatonischer Völker.

Dann kam der Denkriese, erklärte die Höhle zum Gefängnis und scheuchte die Menschen ins Licht. Dort ließen sie die von ihm bestellten Wächter Lager bewachen. Als diese Zaun an Zaun grenzten, schaffte man die Zäune ab. Den Wächtern unterstellte man Labore. Als diese Tür an Tür grenzten und sich noch unter der Erde verdoppelten, erfand man Bildschirme, die eine Welt außerhalb des Labors zeigen sollten. Seitdem schauen die Menschen ins Licht. Es wirft Schatten in ihrem Rücken.

Manche vergleichen diese Schatten mit schwarzen Löchern, die unsere Vorstellungen und Gedanken verschlingen. Andere sagen, es seien schwarze Löcher, die nicht nur alles Licht schluckten, sondern aus denen sich auch etwas ausbreite, nämlich die Erinnerung an die Zeit in den Höhlen.

Vom Spiel der Welt

Dem Metarealismus bleibt nur ein winziger Spielraum zu seiner Entfaltung. Er entsteht jedesmal in der Nuance zwischen Deckungsgleichheit und Nicht-Identität mit der Wirklichkeit.

Der futurologische Kongreß

Es gab Zeiten und Umstände, da Metarealisten auf dem Spannungsbogen zwischen der Feier der Stille und dem Lob des Aufruhrs nach Entspannung suchten. Soviel läßt sich zum Hintergrund der Exegese von Stanislaw Lems Roman „Der futurologische Kongreß" rekonstruieren, die 1985 unter dem Titel „Fadenriß der Wirklichkeit" erschien.[9]

Was Lem damals den informellen Titel „Papst des Metarealismus" eingetragen hatte, war seine Beschreibung der Welt als gigantisches Blendwerk, unter dem kein sicherer Boden der Tatsachen mehr aufzufinden ist. Nichts hat Bestand in jener Welt, nicht einmal das Blendwerk vorgespiegelter Erscheinungen. Was ist, vergeht, einschließlich jeder vermeinten Erkenntnis; aber

---

[9] *v max. Zeitschrift auf der Überholspur,* Berlin 1985.

nicht, um zu Nichts zu werden. Mit jeder Enthüllung tritt wieder neuer, nichtiger Schein hervor.

„Der futurologische Kongreß" enthüllte in der Sicht seiner metarealistischen Exegeten eine metamorphe Wirklichkeit, durch die das denkende Bewußtsein auf seiner vergeblichen Suche nach einem unhintergehbaren, letzten Grund taumelt. Die Wirklichkeit flieht, und die Erkenntnis wird bei ihrer vergeblichen Suche nach einem Unterscheidungskriterium zwischen authentischem Wesen und trügerischem Schein zum ohnmächtigen Zeugen eines Geschehens, in das sie nicht mehr eingreifen kann.

„Alles kann in alles übergehen, als sei es aus Einer Substanz – oder aber als habe es gar keine." So paraphrasierte die Auslegung Lems Schrift. Es war die Entdeckung einer Welt ohne Oberfläche, weil ohne Untergrund. Daß es keine Schichtung von Oberfläche und Untergrund gab, ließ diese Welt genauso gut als unendlich flach oder als unendlich voluminös erscheinen. Alle Schichtung, alle Brüche, letztlich noch die Differenz zwischen Diesseits und Jenseits, lösten sich in einem Kontinuum metamorpher Verformungen auf. Entdeckt werden aber konnte diese Welt nur durch eine haltlose Bewegung des Übersteigens, in die sich der unmögliche Rückgang in einen Ur-Grund verkehrte. Gegen Ende der Auslegung hieß es:

Die Wirklichkeit nicht auf dem Boden der Wahrheit gründen wollen, sondern sie durch eine Sichtweise schaffen, die sich über das Geschehen stellt (um im nächsten Moment selbst überstiegen zu werden) – das ist es, was man seit alters Meta-Realismus nennt.

Boden und Steige

Einer niemals vollständig erläuterten These zufolge kann man sich nicht dauerhaft auf den Boden der Wirklichkeit herablassen, ohne sich in den Metarealismus hineinzusteigern.

Wie unten, so oben

Manchmal lassen Metarealisten Ideenbilder wie lautlose Raumgleiter durch schillernde Sphären, Äonen und Welten treiben. Dann mag es so scheinen, als hauchten sie Eisblumen an die Scheiben der Spiegelsphäre. Andere glauben, daß die hinter dem Nebel des Bewußtseins sich kristallklar absetzenden Phantasmagorien aus Tauwassertröpfchen bestünden. Einst stritten Schulen des Metarealismus darüber, ob er zu einer Erhitzung der Gemüter führt, bei der der Boden der Realität zu flimmern beginnt, oder zu einer Auskühlung des Geistes. Dabei geschah beides. Wie eine Fata Morgana verdoppelt der Metarealismus die Welt da unten. Wie unten, so oben.

Meta-Theater

Als Deckname für die normalerweise funktionierende Wirklichkeit, die nicht ist, was sie ist, begreift der Metarealismus auch normale existenzielle Aussetzer in sich ein. Jemand wird auf einmal von dem Gefühl überfallen, in etwas einbezogen zu sein, bei dem er zugleich außen vor steht. Die ins Als Ob verflüchtigte Welt erscheint plötzlich als Interferenzraum einer Unmenge paralleler, über- und ineinander geschachtelter Bühnen, deren Handlungsstränge sich nicht mehr zum Stück des eigenen Lebens zusammenfügen wollen. Auf einmal ist man im Spiel eines anderen. Man sieht sich selbst, d.h. als Fremden, wie eine Figur auf einem Spielbrett. Man ist im Meta-Theater gelandet. In ihm wiederholt sich die alte Frage, wer wen träumt, Zhuangzi den Schmetterling oder der Schmetterling den Zhuangzi; nur, daß der Schmetterling im Ausnahmefall des Aussetzers als Wespenschwarm daherkommt.

Der metarealistische Leitfaden für existenzielle Störfälle besteht in der Überkreuzung daoistischen Nicht-Handelns (bei dem Passivität als Mißlingen des Geschehen-lassens betrachtet wird) mit einer antiken Sicht der

Dinge. Der Kniff (andere sagen: die Kunst) besteht darin, die Situation unter dem Blickwinkel von etwas zu betrachten, was in ihr nicht eintritt, bzw. für dessen Eingetreten-Sein es im Moment keinen Beweis gibt. Ausgangspunkt ist das Postulat, daß im Meta-Theater Gesehenes und Geschehenes nicht unbedingt übereinstimmen.

Den alten Griechen konnte jeder streunende Bettler ein verkleideter Gott sein. Wer einem solchen gab oder ihn gar beherbergte, der war in der Geschichte von Philemon und Baucis, die dem verkleideten Zeus und seinem Sohn Hermes unwissentlich Gastfreundschaft erwiesen hatten und dafür belohnt wurden, mitverewigt.

Wo andere nur Bettler sehen, plaudern Metarealisten mit Dichtern und Göttern – an die zu glauben ihnen fernliegt. So übersteigen sie die Spielbrettebene. Treten Metarealisten im Meta-Theater auf, verdoppeln sie nicht wie die Voyeure hinter der versteckten Kamera das Geschehene zum Gesehenen, sondern sie blenden ein auf der gerade für alle sichtbaren Ebene Ungeschehenes in die Situation ein. Dadurch erscheint ihnen das Geschehen in einem anderen Licht, das die Figur auf dem Spielbrett in einem von Außenstehenden Ungesehenen aufzulösen vermag.

So wird der Metarealismus als Erleichterung des Daseins empfunden, und man liest sein verschwiegenes

Buch als Brevier für schwere Stunden. Läßt sich aus ihm doch herauslesen, daß, selbst wenn es nicht fest steht, alles seinen Sinn gehabt haben wird; wenn auch und vielleicht weil anders als erhofft.

Metamonarchismus

Unter Metarealisten zirkuliert die Behauptung, daß die Realität etwas sei, das es nicht gibt. Die Wirklichkeit hingegen sei eine Schnittmenge dessen, was es gibt und dessen, was es nicht gibt. Stück für Stück sei sie aus ihrer Nicht-Existenz, in der sich auch die Realität verborgen halte, herausgeschnitten.

Diese Vorstellung der Wirklichkeit ähnelt der kosmologischen Vision des Pythagoras, die allerdings sanfteren Charakters war. Es heißt, er habe sich die Entstehung der Welt durch ein sukzessives Ein-Atmen des Unbegrenzten gedacht. Eins, zwei, drei entstanden ihm die Dinge als Zahlenreihen. Schulter an Schulter trotzten die Zahlen unsere Welt dem Unbegrenzten ab.

Im Atomzeitalter ist diese kosmogonische Atemtechnik einem militärischen Verfahren gewichen, dem Beschuß. Man schießt mit Elektronen, um Phänomene aus ihrer Verborgenheit zu zwingen. Die getroffenen Elektronen, die nun sichtbare Photonen aussenden, springen diskret, diskontinuierlich und unregelmäßig, allerdings weiterhin wie bei Pythagoras in gewissen Zahlenverhältnissen.

Nun glauben die Physiker, die Physis bewege sich auch ohne Beschuß in Quantensprüngen. Nur im Großen und Ganzen wirke alles so, als verliefe es stetig. Die bruchlos zusammenhängende Welt, wie wir sie kennen, wäre demnach nur unserer unzureichenden Wahrnehmungsgeschwindigkeit geschuldet.

Metarealisten versuchen, das Wissen um die Diskontinuität in eine Manövrierfähigkeit inmitten der Illusionen der Welt umzumünzen. Die Disziplin, die dorthin führen soll, nennen sie in Anspielung an Übungen der Automatenkönige metamonarchistisch. Der Automatenkönig schult seine Auffassungsgabe an einem Geldspielautomaten, den er sich zuhause zum Üben hingestellt hat. Nach jahrelangem Training vermag er die drei rotierenden Scheiben mit den Augen zu verfolgen. So sieht er die kontinuierlich dahinfließende Wirklichkeit als Kette diskreter Elemente. Auch Metarealisten üben sich darin, zwischen einer kontinuierlichen und einer diskontinuierlichen Sicht der Dinge hin und her zu springen. Doch sie wollen damit nicht nur zwischen Wahrnehmungsfluß und Einzelbildwahrnehmung hin und her pendeln. Durch die Isolierung diskreter Bilder wollen sie den Zwischenraum der Bilder zugänglich machen, um in ihn einzutauchen. In Anspielung auf den schwarzen Streifen zwischen den

Bildern eines Filmes hat man sie daher der Schwarzseherei geziehen. Die Replik war, daß nur diejenigen, die lange genug schwarz sähen, es schließlich mit dem Unsichtbaren zu tun bekämen, dem seinerseits alles Sichtbare entsteige. Als Zaungäste des Unsichtbaren versuchen Metarealisten einen Blick durch die Fugen des Bretterzauns vor ihrem Kopf zu werfen. Das Unsichtbare sei das anikonische Abbild dessen, was nicht ist, d.h. der Urgrund unserer Wirklichkeit.

Der Spielautomat, der Film, die aus Pixeln zusammengesetzten Bilder der elektronischen Welt – sie alle präsentieren uns etwas Sichtbares, das aus Teilchen besteht, zwischen denen etwas ist, das im Sinne der Bildwirklichkeit als Nichts zu gelten hat. Das hatten für die Welt als Ganze bereits die alten Atomisten gegenüber Parmenides behauptet. Die Welt sei körnig, aus Vollem und Leerem zusammengesetzt, es gebe also nicht nur das Seiende, sondern auch das Nichtseiende zwischen all den Atomen.

Kurioserweise ist ausgerechnet in der modernen Theorie des Quantenfeldes der Unterschied zwischen leerem Raum und Materie, zwischen Nicht-Seiendem und Seiendem, wieder zugunsten einer verschiedenen Dichtigkeit der überall anwesenden Energie aufgegeben. Das ändert nichts, bzw. erklärt Nichts zu Etwas, wenngleich mit geringer Dichte. Diese wissenschaftliche Vernichtung des Nichts gilt Metarealisten als Beleg der These, daß alle Wirklichkeit dem Nichts abgewonnen sei, selbst wenn es am Ende wieder geleugnet werden müsse. Der Augenblick, in dem sich die Fugen der Bretter vor unserem Kopf ins Unbegrenzte öffneten, ließe uns daran teilhaben.

Vom Nichtwissen

Was war vor dem Urknall? Was wird nach dem Großen Endkollaps sein? Die Religionen wußten noch um Anfang und Ende, und um das, was davor und danach war. Uns Heutigen ist dieses Wissen abhanden gekommen; und zwar nicht obwohl, sondern weil wir, zumindest unserem Selbstverständnis nach, heute so atemberaubend viel mehr wissen als die Damaligen.

Vom Metarealismus wird man billigerweise nicht erwarten, daß er die Antworten auf das kennt, was die Grenzen des physikalischen Wissens markiert. Weniger Wissen ist nicht in jedem Falle mehr. Der Metarealismus entstammt selbst dem Zeitraum zwischen Urknall und Endkollaps und verfügt über keinen direkten Draht zum Davor oder Danach. Genau genommen zwinkert er uns sogar nur aus einem winzigen Zeitfensterchen in dem für uns fast unermeßlichen Zeitraum zwischen Urknall und Endkollaps zu. Es ist dasselbe Fensterchen, durch das der physikalische Blick auf die Welt auch ohne metaphysische Verbindlichkeiten Aufschluß über die Dinge zu erlangen trachtet. Es sind daher nicht so sehr die Fragestellungen oder auch die Antworten, durch die sich der Metarealismus vom Wissen unserer Zeit unterscheidet. Wenn der Metarealismus fragt, ob die Dinge wirklich *sind*, was sie sind, so knüpft er damit nur an Erkenntnisse der modernen Physik an, die materielle Dinge – und somit uns lieb gewordene Entitäten – in ihrem Innersten in Wellen auflöst. Was den Metarealismus von der Wissenschaft unterscheidet, ist der Bezugsrahmen seiner Fragen und Antworten. Während die Wissenschaft Fragen und Antworten nach Maßgabe des heutigen Wissensstandes sucht, versucht der Metarealismus dabei die Beziehung zum Nichtwissen nicht abreißen zu lassen. Als der schlimmste Wissensverlust gilt ihm der vom Nichtwissen.

In der Großhirnrinde: Nichts verpaßt

Während die theoretische Physik verkündet, daß sie nur noch Modelle aufstellt, geht's im TV zur Sache selbst. Wir sehen einen aufgeschnittenen Kopf, aus dem die Hirnwindungen quellen. Dazu wird der Text eingesprochen: „Die Zivilisation ist das Produkt unserer Großhirnrinde." Ein schwabbeliger Wurstberg wird als Ursprungsort dieser Zivilisation enthüllt, und zugleich als Ort der Erkenntnis darüber.

Wie konnte diese Schwabbelmasse all das, was wir zu bewundern gelernt haben, hervorbringen: Paläste, Kirchen, Düsenflugzeuge, die Relativitätstheorie, die Atombombe, Weltreligionen, Müllverbrennungsanlagen, Kreditwesen, Ratenkauf, Fernsehnachrichten? Mehr noch:

Wie konnte das erkennende Gehirn sich selbst erkennen? Die alten Griechen (deren Kultur auch nur ein Produkt der Großhirnrinde war) hielten die Selbsterkenntnis für das Allerschwierigste. Demjenigen von ihnen, der auf die Formulierung „Ich weiß, daß ich nichts weiß" gekommen war, hatte das mit „Erkenne dich selbst!" überschriebene Orakel von Delphi die höchste Weisheit zugesprochen. Dem Gehirn nun ist seine Selbsterkenntnis auf verblüffend einfache (was nicht bedeutet: subventionsunbedürftige) Weise gelungen. In einer erkenntnistheoretischen Quadratur des Kreises hat es sich in Instrumente seines Erkennens verlängert, d.h. in ein Drittes ausgelagert, um sich mit Hilfe von ihnen im Labor selbst zum Gegenstand zu machen.

Metarealisten fragen, ob das Gehirn vor seiner Gegenstandwerdung schon so war wie danach, und ob diese nicht vielmehr bedeute, daß es spätestens seit ihr nicht mehr ist, was es ist. Als Indiz führt der Metarealismus sich selbst an, der derselben Großhirnrinde entstammen müßte. Einer etwas pathetischen Selbststilisierung zufolge aber ist er der Ausbruch aus dem Lager, das bei dieser Auslagerung entstand. Es müßte also auch ein Großhirnrindenareal für die Leugnung der Determination durch die Großhirnrinde geben.

Was nun aber, wenn ein solches Leugnungsareal in der Großhirnrinde dingfest gemacht werden könnte, nicht aber ein von seinen Determinationen unbetroffener Ort außerhalb? Wohin sollte der Ausbruch aus dem Lager, zu dem der Metarealismus durch die Großhirnrinde verdammt wäre, führen, wenn noch alles um das Lager herum von dem Ausgelagerten ersonnen wurde? Es bliebe nur eine von vielen für utopisch gehaltene Antwort übrig: ins (subventionsunbedürftige, daher wachstumswirtschaftsuntaugliche) Nichts. Tatsächlich versteht sich der Metarealismus als eine Denk-Bewegung, die zu Nichts führt, d.h. zu keiner Abspaltung feststehender Entitäten. „Viel zu lange hat man Nichts verpaßt", heißt es im Untertitel eines metarealistischen Abenteuermagazins.

Die Illusion des Planetariums

Die Neuzeit begann damit, daß ein Fenster zur Welt eingebaut wurde. Die Welt hatte es zuvor schon gegeben, aber auf einmal empfand sich ein denkendes Etwas in einen Innenraum mit Fenster zur Welt versetzt. Beim Blick durch dieses Fenster wurde eine Welt sichtbar, die zwar noch genauso aussah wie zuvor, aber auf einmal nicht mehr dieselbe war.

Auf einmal war es denkbar geworden, daß diese Welt nach Art eines Planetariums gebaut sein könnte. In ihm wäre nichts weiter als der Himmel ausgeblendet, um ihn in einer inwendigen Projektion wieder auferstehen zu lassen. Auch die Anderen, mit denen man täglich zu tun hat, wären vielleicht nur wie Sterne an die Kuppel des Planetariums projiziert. Draußen wäre drinnen, es wäre eine Welt ohne Realität. Vielleicht gäbe es all das, die Welt und die Anderen, irgendwo jenseits des sichtbaren Draußen, aber unerreichbar für uns. Gewiß war nur noch das Zimmer der eigenen Existenz. Realität verleihen konnte dieser Welt nur ein Gott.

Metarealisten sind Kinder dieser epochalen Empfindung. Daher wird von ihnen auch das Gegenteil in Betracht gezogen: drinnen ist draußen. Vielleicht gibt es nichts als diese anonyme, überall da draußen gleich und klar strömende Energie, die sich nur hier und dort zur Illusion eines Drinnen staut, um sie dann für unser Selbst zu nehmen. Vielleicht ist der planetarische Zweifel an der Realität da draußen nur eine Projektion der eigenen Ungewißheit, und wir Zweifelnden sind es, die auf einem Mißverständnis basieren.

Zwischen Noch-nicht und Nicht-mehr

Die frühen Philosophen gingen vom Nichtwissen der mythisierenden Ahnen aus. Darin reflektierte sich vor allem ihre eigene Heimatlosigkeit im Bereich des Wissens, der auf einmal als offenes und vielleicht nur vergeblich zu bestellendes Feld da lag. Selbst Xenophanes, der so herzhaft über das Nichtwissen der Ahnen scherzen konnte, durfte sich am Ende nur in seinem Bewußtsein darüber für weiter halten. „Bei allen Dingen gibt es nur Annahme", war sein Schluß über die Erkenntnis. Kleinlaut oder weise geworden, gab er zu: „Klares hat freilich kein Mensch gesehen."

Der Philosophie war der Gedanke anfangs noch vertraut, daß sich die Weisheit nur als ein Verhältnis zu dem auffinden ließe, was sie nicht weiß. Doch etwas war geschehen. Es war, als hätte Erkenntnishunger Menschen aufbrechen lassen, ein Reich zu erobern, das es seither nicht mehr gab. Bei seiner Eroberung verschoben sich die Grenzen seines Territoriums mit jedem Schritt. Neue, methodische Erkenntniswege eines zuvor ungekannten Geistvermögens bedeuteten einen unaufhörlichen Landgewinn für das Reich des Wissens. Aber wie ein Fluch hing ihm das Nichtwissen an. Vorne, wohin die Erkenntnishungrigen schauten, weitete sich mit jedem Landgewinn der Horizont, während hinten, abgewandt von ihrem Blick, Wissen wegbrach. Mit jedem Schritt ins Noch-nicht entstand ein Nicht-mehr, dessen Spur mit jedem weiteren Schritt weiter verblaßte.

Das, was nun im Rücken dieses Blicks lag (für den sich umwendenden Blick ein Nichtwissen), hatten die mythisierenden Ahnen durch Tabus geschützt. Mit ihnen klammerten sie Bereiche, die sie als Proprium der Großen Unbekannten anerkannten, aus ihrem Handeln und Wissen-wollen aus. So stellte ihre Kultur eine Balance zwischen Wissen und Nichtwissen her, mit der das immer und überall bereit stehende Unmaß in Schach gehalten wurde.

Im Wissen unserer Zeit ist kein Platz für Tabubereiche. Unsere Zeit schändet nicht nur Gräber anderer Kulturen, sondern auch die ihrer eigenen Vorfahren. Grund genug dafür ist, wenn ein mittelalterlicher Kaiser ohne gültigen DNS-Paß in der Gruft liegt. Jedes Nichtwissen gilt dem Wissen unserer Epoche als sein eigenes Noch-nicht. Anders als die Tabubereiche des Nichtwissens *muß* der Raum des Noch-nicht betreten – und somit verschoben – werden, damit er überhaupt ist.

Es entsteht ein ungeheures Produktionswissen, das wächst und wächst, um den sich ständig weitenden Horizont zu besetzen. Unermüdlich und in immer tieferen Schichten der Materie findet es Ursachen für Wirkungen, die es erzielen kann. Der Zusammenhang der Natur bleibt dabei im Labor ausgeblendet. Erst später, im Rückblick auf die Folgen, und immer nur Schritt für Schritt, enthüllt das Kontextverständnis, daß das Produktionswissen, indem es ermöglichte, der Evolution noch unbekannte Stoffe herzustellen, ein gigantisches Nichtwissen mitproduziert hat, das sich erst in der evolutionären Folge mit dem Wissen unserer Zeit ausbalancieren wird.

Der Metarealismus wäre der Natur gerne näher als der Vernunft, aber er weiß, daß es nicht so ist. Er hofft allerdings, der Natur näher zu sein als die Vernunft. Er versteht sich als Wissensform einer Epoche, die weniger um das weiß, was wir nicht wissen. Er stellt sich das, was er nicht ist, als Aufgabe vor: als Aufgabe, die Beziehung von Noch-nicht und Nicht-mehr als Mediator zu betreuen. Er wäre gerne ein Konvergenzraum, in dem der Schatten des Nichtwissens die Dinge erhellte.

Grenzen und Jenseits des Metarealismus

Der Metarealismus ist nichts Eigenständiges. Weder steht er (denn er bewegt sich), noch ist er sich ganz zu eigen (denn er begann als Schatten). Er umspielt die Wirklichkeit. Das gilt auch dort, wo diese an ihre Grenzen stößt und über das, was jenseits ihrer sein mag, spekuliert. Solche Gedankenfahrten ins Ungewisse handeln von Dingen und Ideen, die wir nach Immanuel Kant nicht erkennen können; und sie betreffen das, was es nach Ludwig Wittgenstein wohl gibt, von dem wir aber schweigen müssen.

Eigentlich geht der Metarealismus mit den Philosophen konform. Doch zum einen glaubt er nicht, daß die Grenzen einer Welt des Wandels ein für alle Male gezogen werden können, wie es die Vermessungstechniker der Vernunft versuchen. Zum anderen sei das, worüber man schweigen müsse, ein Interferenzraum der Kulturen, in dem damit zu rechnen sei, daß sich andere folgenreich zwischen die Stühle setzten. Madame Blavatsky z.B. wurde nach eigenen Angaben in die geheimsten Lehren des Ostens eingeweiht, verriet dieses heilige, durch strengste Schweigegebote versiegelte Wissen des für Normalsterbliche Nichtwissbaren aber an westliche Leser. Man stelle sich nun eine Madame Blavatsky vor, die in die Geheimnisse des verschwiegenen Buches Metarealismus eingeweiht würde! Um das Schlimmste, nämlich unbefugte Weitergabe, zu verhindern, sozusagen als Ausschnatterprävention, sei im Folgenden auch vom Nichtwissbaren die Rede.[10]

Bergtaucher

Metarealisten schlendern unter fröhlichem Geplauder durch die Welt und balancieren dabei scheinbar schwerelos auf der Grenze der Wirklichkeit. Sie sind geruhsame Grenzgänger, die sich in der Kunst des Weitergehens üben, wo kein Weg ist. Bei ihrer Wanderschaft scheint sich die Topographie der Welt zu wandeln. Mit jedem Erklimmen einer Meta-Ebene verschwinden Abgründe in höheren Regionen. Metamorphosen gehen vonstatten, wenn sie im Zwielicht der Wirklichkeit mühelos die Ebenen wechseln. Zwischen diesen Ebenen, so heißt es, liege ein von der Wirklichkeit verriegeltes Unendliches. Dorthin, nicht in ein Jenseits oben oder unten, führe die Wanderschaft der Metarealisten; doch nur, wenn sie es nicht anstrebten. Auf einmal tauchten sie dann wie in einer Unterwasserwelt zwischen felsigen Höhen. Sie

---

[10] In der 13. *Leerrede* wurde diese Argumentationsfigur als Beleg für die Hypothese angeführt, daß es sich beim Metarealismus um eine getarnte politische Partei handeln könne. Sie ähnele auffallend der Wahlpropaganda demokratischer Parteien im Medienzeitalter, die im Zeichen einer Theologie des Sachzwangs nur noch zur Verhinderung von noch Schlimmerem als dem, was sie selbst tun werden, zur Wahl anträten.

tauchten, ohne wieder aufzutauchen, denn all das wäre in der Welt nicht sichtbar.

Es lauern falsche Enden. Den Kletterer in schroffen Felsen und auf schmalen Graten lockt beim Blick in schwindelerregende Tiefen ein Trugbild des Nirvana. Vielleicht ist es eine Urerinnerung aus der Zeit vor dem Urknall, die die Sehnsucht nach dem Absturz ins Zentrum der Gravitation nährt. In Schach hält sie der metarealistische Kletterer mit Hilfe eines letzten Wegbegleiters, der in den unwegsamsten Regionen haust. Er trägt den Doppelnamen Selbst und Sicher. Er führt den Wanderer durch die Fährnisse der Höhen und Tiefen. Doch er ist der dubiose Diener eines Dranges, nämlich desjenigen nach ganz oben, zur einsamen, allem überhobenen Spitze. Dort lauert als anderes falsches Ende des Weges eine letzte Illusion. Denn um zu überwinden, hat sich der Kletterer als Sieger behaupten müssen. Aber nur wenn der Wanderer sich irgendwann verliere, öffne sich das Zwischenreich der Bergtaucher, heißt es.

Erleuchtungsregionen

Wo alle Schweigegebote und jede Verpflichtung zur Rede gleichermaßen ungültig sind, tauschen sich Metarealisten über Erlebnisfelder (manche sagen: über Erlebnisfeldern) aus, in die und aus denen keine Rede dringt.

Halb scherzhaft nennt man diese Felder Erleuchtungsregionen, doch man weiß wenig über sie; nicht einmal, ob es wirklich hell und nicht vielmehr dunkel in ihnen ist, oder ob ihre Atmosphäre heiß oder kalt ist.

Man munkelt, daß man nur in sie gelange, wenn man den letzten Schritt – den aus ihnen heraus – nicht ginge. Der letzte Schritt führe zurück in die Welt, in der sich alles zur Lehre verkehre. Dort, auf dem Pfad der Illusion, scharten sich zunächst verständige Schüler um die Zurückgekehrten, transkribierten dann aber ihre Berichte in Lehren, die im weiteren Verlauf zur üblichen Geschichte der Dogmenbildung, der Häresien und der Richtungsstreitereien führten. Damit sei man wieder im irdischen Zeichental angelangt, in dem erneut der metarealistische Überstieg einsetze. So, heißt es, begann alles als Endlosschleife.

Die geheime Formel des Seins

Es heißt, im Metarealismus liege der Schlüssel zum Rätsel der Welt verborgen. Doch nur wenige gelangten zu dem Schloß, in das der Schlüssel passe. Selbst jene aber, die das passende fänden, bekämen beim Drehen des Schlüssels wieder nur kryptische Zeichen zu sehen. Äußerlich ändere sich nichts.

Doch es heißt auch, mit etwas Glück konvergierten beim geduldigen Durchlaufen des metarealistischen Erleuchtungspfades irgendwann Äußerungen und Schweigen, Zeichen und Leere. Wie die Sufis angeblich hoffen, sich irgendwann in Gott zu verlieren, wenn sie seine neunundneunzig Namen unabläßig wiederholen, bis aller Sinn aus ihnen gewichen ist, so versuchen Metarealisten, durch anagrammatische Meditationen in die Wirklichkeit hinter den Zeichen einzutreten. Die anagrammatische Behandlung des Metarealismus soll nicht nur die Wirklichkeit aus den Angeln der Äußerlichkeit hebeln können, sondern auch zur Auflösung seiner selbst führen und dabei auf das verweisen, was er war, bevor er wurde, was er nicht ist.

Es heißt, daß man beim Schütteln der Zeichenkombinationen zunächst immer wieder über neue Bedeutungen stolpere, die sich aber durch ständiges Wiederholen nach und nach auflösten. Durch eine List der entmachteten Bedeutungen komme es dann als Zuspitzung der Paradoxie zur vorübergehenden Verwandlung der leeren Zeichen in Zeichen der Leere. Nach einer letzten bedeutungsträchtigen Umkehrung des META, erscheine den Meditierenden dann aber die Endlosbotschaft eines stillen Mantras, das eine nicht mehr in den Bann der Zeichen geschlagene Wirklichkeit evoziere:

METAREALIST – REALISTMETA – ISTMETAREAL – METAISTREAL – ATEMLAERTSI – ATEMTSILAER – TSIATEMLAER – REALISTATEM – ATEMISTREAL – ATEMREALIST...

Dort angekommen, so heißt es, hätten die Meditierenden den archimedischen Punkt der griechischen Metaphysik, an dem EINS und SEIN durch anagrammatische Rochaden auseinander geboren wurden, hinter sich gelassen. Nichts gerinne mehr zu einem der Zeit enthobenen Ding, kein Ding bliebe in Isolationshaft vom Wandel der Zeit und seiner Umstände gesondert. Kurzum, man sei wieder im Fluß – und wieder vor der Frage, ob es noch dieselben Wasser seien.

Dämonen im Gedankenhimmel

Trotz aller Worte über die Leere und das Nichts, und trotz der Leugnung eines Jenseits oben oder unten: es gibt einen metarealistischen Gedankenhimmel, wenn auch nur auf menschlicher Augenhöhe. Er gilt als Raum für Gedankenspiele, als eine Art theologischer Spielplatz. Gott spielt keine Hauptrolle auf ihm. Er wurde zwar, wie in der Weltgeschichte auch, geleugnet, aber nicht mit dem dort für nötig erachteten Ernst, nicht als Dogma. Es gab sogar Gegenbeweise gegen die Leugnung. Sie wurden nie widerlegt, sie gingen irgendwann im Desinteresse der Ungläubigen unter.

Aber es gibt eine mit fast scholastischem Ernst betriebene Dämonologie, in der Gott als zurückgezogener eine Rolle spielt. In ihr wird seine ephemere Existenz als weltreligiöser Singulargott aus einer späten und nur vorübergehenden Personalisierung der Einsichten solcher, die den letzten Schritt gingen, abgeleitet. Der Singulargott wurde demzufolge zum Schutzherren einer Zeit, in der rechtgläubige Menschen von der Ewigkeit träumen und sich zu allerlei Erzwingungsmaßnahmen gegen Ungläubige ermächtigt fühlen durften. Doch die Opfer, der Glaube, der Charme und die Macht der Menschen reichten dieser Darstellung zufolge nicht aus, ihn dauerhaft von seiner Selbstreflexion abzuhalten. Als er sich an die uranfänglichen Einsichten vor seiner Personwerdung erinnerte, heißt es, verließ er seine Bilder, seine Namen und damit die ihn Anbetenden. Zurück blieben die in seinem Namen um dessen Einzigkeit kämpfenden Kräfte, als Dämonen.

Mehr als eine Religion predigt das Mitleid mit den Mitmenschen. Doch wer nimmt sich der Dämonen an, die nach dem Rückzug der Götter als Veteranen im Reich der Menschen verbleiben? Diese Aufgabe hat sich der Metarealismus gestellt. Er versteht sich als Versuch, den in der Normalität zurückgebliebenen Dämonen das Schweigen der Götter zu vermitteln.

Labyrinth der Glücklichen

Wenn alles durchgespielt ist, steht man wieder am Anfang, den es nicht gab. Es ist wie im Labyrinth. Mit ihm hatten alte Baumeister ein Modell der Welt entworfen, das den Vorstellungen der modernen Physik über den Kosmos sehr nahe kommt: es war ein endliches Gebilde, und dennoch sollte es nicht möglich sein, an seine Grenzen zu stoßen. Es gab wohl ein Draußen, aber für die drinnen nur als Postulat. So die gängige Überlieferung.

Metarealisten verstehen das Labyrinth als Metapher für einen Ort der Glückseligkeit, als eine Welt im Rücken der Welt; als einen Ort, der der Welt nicht in einem Jenseits enthoben ist, sondern der in einem umgestülpten Hier stattfindet. Das Labyrinth bilde die Welt nach, aber wie in einen Äther der Glückseligkeit getaucht. Metarealisten halten es für möglich, daß die Eingeschlossenen selbst die Legende von der Unentrinnbarkeit aus jenem Drinnen erfanden. Sie hätten den Weg ins Draußen wohl gewußt, aber genau dorthin wollten sie nicht mehr.

Eines Tages, heißt es, sei einer gekommen, der den Eingeschlossenen mit Hilfe eines Fadens den Weg nach draußen zeigen wollte. Doch mit jeder Verzweigung, jeder Biegung und jedem neuen Blickwinkel sei ihm bei seinem Gang durchs Labyrinth der Zweifel gewachsen. Da begegnete er an einer Weggabelung einer freundlichen Frau, die ihm den ganzen Weg über gefolgt war. Sie überreichte ihm eine Spindel, auf die sie seinen Faden aufgerollt hatte. Er soll ihr vor Freude um den Hals gefallen sein.

Unter den Ausgeschlossenen erinnern sich nur noch wenige, daß man einst einen Retter hineingeschickt hat. Mit der Erinnerung an ihn ist auch das Wissen um den Ort des Zugangs verschwunden. Metarealisten glauben, daß der Zugang zum Labyrinth der Glücklichen ein Durchgang durch Nichts sei, das der Wirklichkeit allerorten zugrunde läge. Dieser Durchgang sei identisch mit einem unbemerkten Auftauchen in einer anderen Welt – die keine andere als wieder nur die unsrige sein könne. Das Nichts sei die einzige Grenze zwischen Reichen, die nichts trenne, sondern jene ineinander stülpe.

Abgesang, Aus- und Abgang

Verschwiegen und unsichtbar hatte er begonnen, der Metarealismus, und in Schweigen und Unsichtbarkeit wird er enden – um mit jeder menschlichen Welt neu zu entstehen. Niemals wird er ein Ziel haben, und schon gar nicht das, den Wecker rasseln zu lassen, um eine von ihr selbst bedrohte Menschheit aus ihrem Albtraum vom Wachstum ohne Ende aufzuschrecken.

Wenn alles passiert ist, wird der Metarealismus zur Meditation jener geworden sein, die über den von Panikwellen leergefegten Straßen sitzen und den noch immer schrillenden Sirenen ihren mantrischen Wert ablauschen. Die Zivilisation soll damit begonnen haben, daß Odysseus den Sirenen zuhörte, ohne ihnen zu folgen. So wird sie auch wieder aufhören.

NACH DEM WORT

Das verschwiegene Buch Metarealismus war erst spät sichtbar geworden, erst nachdem alles gesagt war. So war es zum Nach-Wort dessen geworden, was sich nicht hatte mitteilen lassen. Und so geht es weiter. Mit jedem Wort verstummt etwas aufs Neue, was immer schon in ihm geschrieben stand.

Schrift und Katastrophe

Laut Maya-Kalender (genau genommen: laut seiner Fehlinterpreten) sind wir mittlerweile postume Leser. Denn am 21. 12. 2012 war es soweit: Weltuntergang qua Ende der Zeit. Das war nie wissenschaftlich zu beweisen, aber es ist auch nicht bewiesen, dass nur eintrifft oder eintraf, was wissenschaftlich bewiesen ist. Dass dieses Ende als eines ohne Pauken und Trompeten unbemerkt blieb, gilt manchen sogar als Indiz dafür, dass es eingetreten ist.

Was tun? Ein Bäumchen pflanzen? Die Religion rehabilitieren? Oder das verschwiegene Buch Metarealismus veröffentlichen?

In fast allen Kulturen grassiert periodisch das Endzeitfieber. Dann tauchen Schriften auf, die vor dem Ende warnen, die es ankündigen, die das Wissen um sein Überstehen verraten, oder die verkünden, wie es danach weitergeht. Doch immer gehen Schriften verloren, zum Teil schon vor der Katastrophe, zum Teil in ihr. Manche sagen, ihr Verlust *sei* die Katastrophe.

1947 hatten Beduinen in einer Höhle bei Qumran am Toten Meer Schriftrollen gefunden, die sich bald als die ältesten Bibelhandschriften herausstellten. Ein geschäftstüchtiger Schuster und Altwarenhändler verkaufte vier von ihnen für 30 Dollar und vergrub weitere Rollen in seinem Hinterhof. Als ihr Marktwert zwei Jahre später auf 250.000 Dollar gestiegen war, wollte sie der schlaue Schuster wieder ausgraben, musste aber feststellen, dass sie, die zweitausend Jahre in der Wüste überlebt hatten, mittlerweile verfault und wertlos waren. Ein kurzer Zeitraum im Gewahrsam der Lebenden hatte genügt, Teile unermesslich wertvoller Bibelhandschriften zu zerstören.

Nicht besser ergangen war es den bis dahin unbekannten gnostischen Schriften, die Fellachen zwei Jahre zuvor beim Graben nach Naturdünger im ägyptischen Nag Hammadi gefunden und als Brennmaterial zur Teezubereitung verwendet hatten. Immer wieder wird das Feuer zum Schicksal der Schrift. In Flammen gingen die Bücher auf, die der Erste Kaiser von China aus Staatsräson auf den Index gesetzt hatte. Verbrannt wurden auch die präkolumbianischen Faltbücher, um die Seelen der Indianer durch die katholische Kirche zu retten. Mit jeder dieser Zerstörungen wird das Feld unseres Nichtwissens erweitert.

Im sechsten Jahrhundert begannen buddhistische Mönche in China eine katastrophenresistente Schriftform zu entwickeln. Sie verewigten die für die Epoche danach unentbehrlichen Sutren in Steintafeln, die sie in Höhlentempeln versteckten. Andere gingen noch weiter und meißelten riesige Schriftzeichen in Bergwände. Wer danach käme, müsste nur der Schrift (allerdings der chinesischen) kundig sein, um wieder die ewige Wahrheit vor Augen zu haben. Die weise Voraussicht der frommen Männer hatte die Schrift nicht nur gegen das Ende ihrer eigenen Epoche, sondern vor allem gegen die Nachlässigkeit der nächsten gewappnet. Vielleicht besteht das eigentliche Ende einer Epoche ja in der Nachlässigkeit der nächsten.

Unter Metarealisten zirkuliert eine Theorie, wonach *mofa*, die Endzeit, gegen deren unaufhaltsames Kommen jene Mönche angemeißelt hatten, das Ende der Schrift in unserer Epoche bedeuten könnte; aber nicht durch die fahrlässige Zerstörung bei ihrer Entdeckung – sondern durch ihre unsachgemäße Bewahrung. Es gibt Stimmen, die in der Veröffentlichung ihres verschwiegenen Buches die Katastrophe sehen. Das Buch werde durch sie nicht vor seinem Ende geschützt, sondern sie löse das Desaster selbst aus. Nicht nur, dass es über kurz oder lang in einer Müllverbrennungsanlage lande, schon davor verzehre es sich im flackernden Licht seiner Textversionen und Interpretationen, bis nur noch, einem Aschehäufchen gleich, Verständliches von ihm übrig bliebe. Diese Stimmen sprechen von einer irreversiblen Seinsminderung des verschwiegenen Buches Metarealismus durch sein Erscheinen.

Andere meinen, dass das Buch Metarealismus durch seine Veröffentlichung seinen verschwiegenen Charakter besser bewahre, als wenn es nicht erschiene. Sie reden von einem Schutzschirm der Veröffentlichung. Im Zeitalter der als Datensatz archivierten Online-Präsenz könne man das Büchlein nur durch das Treiben im Overflow der allerorten erzwungenen Transparenz entziehen, die es zu einem durchsichtigen Unterfangen zu machen drohe. Seine Eingliederung in die Illusion der elektronischen Ewigkeit sei das letzte Reservat seiner Verschwiegenheit. Was sich den einen dabei als Seinserhaltung durch Seinsminderung darstellt, wird von anderen als Selbstverteidigung durch Selbstvernichtung ironisiert.

Vom Ende, das nicht stattfand

Sowenig man den Anfang wirklich machen konnte, weil man immer schon mittendrin war, sowenig hört das Ganze mit seinem Ende wirklich auf. Doch unter und über all dem Gerede, dem Lärm um Sein und Nichts, wird der Metarealismus wieder unhörbar, als sei nichts gewesen. Wirklich nichts? Eben das *ist* Metarealismus: wenn sich nichts wirklich geändert hat, aber doch alles irgendwie anders erscheint.

Aus Klang

Hätte das verschwiegene Buch Metarealismus ein Ziel gehabt, so wäre es erreicht, wenn es sich nicht preisgegeben hätte; oder anders gesagt: wenn es den Kontakt zu dem, was sich nicht mitteilen lässt, erhalten (manche sagen: hergestellt) hätte.